捍卫孩子的权利，保护青少年的未来！

小小权利战士

民法典

未成年人的法律盾牌

吕鸿雁　著

沈阳出版发行集团

 沈阳出版社

图书在版编目（CIP）数据

小小权利战士：未成年人的法律盾牌 / 吕鸿雁著 .
沈阳：沈阳出版社，2024.9. -- ISBN 978-7-5716
-4356-0

Ⅰ. D920.4

中国国家版本馆 CIP 数据核字第 20245NV267 号

出版发行：沈阳出版发行集团 ｜ 沈阳出版社
（地址：沈阳市沈河区南翰林路 10 号　邮编：110011）
网　　　址：http://www.sycbs.com
印　　　刷：河北万卷印刷有限公司
幅面尺寸：170mm×230mm
印　　　张：10.75
字　　　数：130 千字
出版时间：2024 年 9 月第 1 版
印刷时间：2024 年 9 月第 1 次印刷
责任编辑：赵秀霞
特邀编辑：冯怡心　杜若婷
封面设计：张　晴
版式设计：寒　露
责任校对：郭亚利
责任监印：杨　旭

书　　　号：ISBN 978-7-5716-4356-0
定　　　价：68.00 元

联系电话：024-62564911　24112447
E - mail：sy24112447@163.com

本书若有印装质量问题，影响阅读，请与出版社联系调换。

写给小朋友的话

亲爱的小小权利战士们：

你们好！

你们知不知道在我们辽阔、神奇的国度中，藏着两本极其珍贵的"魔法书"，它们分别是《中华人民共和国民法典》(简称《民法典》)、《中华人民共和国未成年人保护法》(简称《未成年人保护法》)。这不只是两部沉甸甸的法律，更是每一个小小探险者手中的神奇盾牌，是我们国家对小朋友的爱，它们有着非凡的力量，能够保护小朋友在成长的旅途中不受非法伤害。

想象一下，我们生活在一个充满魔法的世界里，《民法典》就像一件披风，这件披风由许多不同的线编织而成，包括生命的线、健康的线、尊严的线……这样的披风能够保护我们的名字还有小秘密。它告诉我们，每一个小小的我都是宝贵的，值得被爱与被尊重的。《未成年人保护法》则像一根魔法棒。它施展着强大的魔法，确保我们健康成长，学习新知，体验快乐的童年。更妙的是，这根魔法棒携带着平等之光，能让每一个

小小的心灵在阳光下自由舒展。

这两本极其珍贵的"魔法书",就像是给了我们一对翅膀,让我们勇敢地飞翔,自由地探索。所以,小小权利战士们,让我们一起学习这两本"魔法书"的语言,了解我们有哪些权利,同时学会如何用这些权利保护自己和周围的朋友。

当我们懂得了怎样用这些权利保护他人,我们就能一起编织一个更加精彩、更加公正的世界。让我们拿起手中的披风和魔法棒,勇敢地踏上这趟奇妙的冒险吧!

在这本名为《小小权利战士:未成年人的法律盾牌》的探险指南中,我们将踏上一段非凡之旅,穿越家庭的温暖庭院、学校的智慧殿堂、社会的繁华街道、网络的无垠世界。每一站都充满着故事和挑战,但别担心,因为你手中握着强大的法律盾牌——你的权利。

吕鸿雁

未成年人有什么权利?

2020 年 5 月 28 日，第十三届全国人民代表大会第三次会议表决通过了《中华人民共和国民法典》，宣告中国"民法典时代"正式到来！2021 年 1 月 1 日，《民法典》正式实施，这是我们国家第一部用"法典"命名的法律，它又被称为"社会生活的百科全书"。

人们总说"未成年人""小孩""学生"，那究竟多大的"小孩"是"未成年人"？多大的"学生"是"未成年人"？我国的法律对未成年人的定义十分严谨。例如，《民法典》第十七条规定："不满十八周岁的自然人为未成年人。"

在我们国家，周岁的计算标准是从生日的第二天开始算的，也就是说，生日那天并不算满多少岁。因此，一个人在自己十八周岁生日那天，还属于未成年人，只有当他过了生日那天的 24 点，才能算法律意义上的成年人。

那未成年人都享有什么权利呢？

为了保护未成年人的身心健康，保障他们的合法权益，全国人民代表大会常务委员会根据《中华人民共和国宪法》制定了《未成年人保护法》，该法详细地规定了未成年人享有的权利。

国家保障未成年人的生存权、发展权、受保护权、参与权等权利。

未成年人依法平等地享有各项权利，不因本人及其父母或者其他监护人的民族、种族、性别、户籍、职业、宗教信仰、教育程度、家庭状况、身心健康状况等受到歧视。

——《未成年人保护法》第三条

根据这些法律规定，我们可以知道，未成年人并没有因是未成年，而缺少权利，相反，得到了更多保护。而且，未成年人的权利不会因为他们的民族、风俗习惯、家庭状况、贫富差距而受到任何歧视。

代前序！

吕鸿雁

2024 年 5 月

目录

第一章

家庭篇

家庭是每个孩子成长的摇篮

通过生动的故事，启发未成年人如何在亲情的呵护下，维护自己的权利，让爱和尊重在每个角落生根发芽。

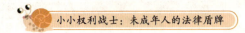

我是谁，我有什么权利？

在一个明媚的清晨，伴随着第一缕阳光的温暖，一个新生命在众人的期盼中降临这个世界。他的每一次呼吸，都是新生的开始；他的每一次心跳，都是生命的赞歌。从第一声啼哭开始，他宣告着自己独一无二的存在。"身体发肤，受之父母。"这句话提醒我们肉体是从父母那里继承而来。我们的眼睛，可能继承了母亲温柔的目光；我们的力量，可能源自父亲坚定的臂膀。这是一份珍贵的礼物，一条连接过去和未来的纽带。

从他降生的那一刻起，他的每一寸肌肤、每一次呼吸，无一不在宣告：他是他自己的。这个世界上再没有另一个相同的他，他的身体、他的心灵，只属于他自己。他将用他的双手去触摸世界，用他的双脚去探索未知，用他的心灵去感受爱与美好。在他成长的道路上，他会学会如何爱，如何给予，如何坚定地保护属于他的一切。身体主权，是他最初也是最永恒的权利。无论他走到哪里，无论他成为什么样的人，这份权利都不会改变。

让我们一起见证，一起庆祝这个新生命的开始。在成长的旅程中，愿他学会珍惜，同时保护好这份属于他自己的宝贵财富。愿他的生命之路充满爱、光明和无限可能。

法条连接

《中华人民共和国民法典》

⭐ 第十三条　自然人从出生时起到死亡时止，具有民事权利能力，依法享有民事权利，承担民事义务。

⭐ 第十四条　自然人的民事权利能力一律平等。

⭐ 第十六条　涉及遗产继承、接受赠与等胎儿利益保护的，胎儿视为具有民事权利能力。但是，胎儿娩出时为死体的，其民事权利能力自始不存在。

案例解读

每个人从来到这个世界的那一刻开始，就拿到了一个看不见的宝箱。这个宝箱里装着很多宝贝，如我们可以去上学学知识，可以有自己的小玩具，还可以和朋友一起玩耍。这些都是我们的权利。宝箱里还有一些规则，如我们要好好学习，要听爸爸妈妈的话，不能随便损坏别人的东西。这些都是我们需要遵守的规则，也是我们的义务。这个宝箱会伴随我们一生。这期间，我们可以使用宝箱里的宝贝，享受我们的权利，同时要遵守规则，履行我们的义务。只有这样，我们的生活才会越来越美好。

在法律的世界里，胎儿虽然还没在这个世界上"亮相"，但是在某种程度上他们已经被看作一个准小小权利战士了。因为尽管胎儿还没有成为一个民事主体，也就是说，他们还没有民事行为能力，但是在一些特殊的情况下，法律还是会伸出保护的手臂，给予他们某些权利。根据《民法典》规定，胎儿在还没来到这个世界上时，如果有人想给他们留下遗产或者赠送财产，那么他们是可以接受这份礼物的。也就是说，即使胎儿还在妈妈的肚子里，他们也能得到一份来自这个世界的欢迎礼。这项规定也有它的规则："出，是指脱离母体；生，是指具有独立生命体征。"这意味着只有当这个小生命真正来到我们这个世界，并且哪怕只活了一秒钟，他们也被视为拥有民事权利能力。如果他们不幸离开这个世界，他们的遗产将由他们的父母或者是其他法定继承人继承。

我与爸爸妈妈之间的故事

童童的爸爸妈妈工作很忙，但是每天都会好好地照顾他。

每天早上，妈妈都会在童童起床前看一下天气预报，根据气温高低及天气变化把衣服放到他的床边。爸爸也会准时起床，为大家做好早饭，吃完早饭，会准时把童童送到学校。

晚上无论是爸爸还是妈妈，总会有一人准时出现在童童学校门口等他放学。回家后，妈妈会辅导他数学和英语作业，爸爸会辅导他语文和书法作业，然后才会去忙他们自己的事情。

每到周末的前一天晚上，爸爸妈妈总会在手机上查个不停，看看带他去哪儿玩耍，有时带他去河边抓小鱼，有时带他去科技馆开阔视野。尽管爸爸妈妈工作很忙，还是会抽出时间来陪他。

但是有一天，因为童童不听话，在家里吃了很多很多甜食。妈妈很生气，严厉地对童童说："你再不听话，我就不管你了。"爸爸在旁边一脸无奈地说："童童不听话，我们也不能不管他。"童童既害怕妈妈真的不要他了，又觉得爸爸说的话有道理，一时不知道该怎么办了。

于是在妈妈消气后，童童悄悄地问爸爸："到底你们谁说得对呀？妈妈不管我怎么办？"爸爸在童童旁边坐下来，温柔地说："妈妈的话是出于关心，她之所以生气是因为太爱你了，我们都不会不管你的，我们会抚养你长大。"

童童也非常爱爸爸妈妈，但是童童不明白，爸爸妈妈为什么要抚养他？

有一天，童童做了个梦，梦到他的舅舅和他们一起生活，舅舅上班回来看到童童动了他的东西，生气地说："童童，你再动我的东西，我就揍你。"童童很害怕，睡醒后把这个梦告诉了爸爸，爸爸告诉他："只要

是在咱们家里，没有人会欺负你，都会好好保护你的。"

童童心里有点儿怀疑："真的是这样吗？"

 法条连接

《中华人民共和国民法典》

⭐ 第二十六条　父母对未成年子女负有抚养、教育和保护的义务。

《中华人民共和国未成年人保护法》

⭐ 第七条　未成年人的父母或者其他监护人依法对未成年人承担监护职责。

国家采取措施指导、支持、帮助和监督未成年人的父母或者其他监护人履行监护职责。

⭐ 第十五条　未成年人的父母或者其他监护人应当学习家庭教育知识，接受家庭教育指导，创造良好、和睦、文明的家庭环境。

共同生活的其他成年家庭成员应当协助未成年人的父母或者其他监护人抚养、教育和保护未成年人。

案例解读

在一部精彩的电影中，每个角色都有其不可或缺的作用。而在家庭中，父母对未成年子女担负着抚养、教育和保护的重任。这不仅是一份责任，更是一份从心底涌出的爱。

国家则像一个拥有丰富资源和智慧的大型园艺协会，它不仅提供种植手册，还时刻准备着指导、帮助和监督父母这些园丁，确保他们能够有效地履行监护职责。国家通过制定相关政策、提供教育资源和社会服务等措施，为父母和其他监护人的监护工作提供有力支持。

每一个家庭都像一艘承载着希望和梦想的小船，家庭中的每一个成员则是这艘船上不可或缺的船员。在孩子们的成长旅途中，父母就像经验丰富的船长和领航员，不仅肩负着引导这艘小船穿越风浪的责任，更肩负着抚养、教育和保护未成年子女的神圣使命。这个使命是父母对孩子们美好未来的无限期待和承诺。

无论是作为父母还是子女，都在家庭的这艘小船上扮演着重要的角色，通过父母对子女的抚养、教育、保护和子女对父母的赡养和扶助，共同面对生活中的风浪，让这艘小船始终充满爱的温暖，向着希望的彼岸勇敢前行。

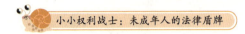

妈妈看了小萱写给我的信

那是一个普通的周末下午，我正在自己的房间做作业。妈妈轻轻敲了敲门，手里拿着一个粉色的信封，信封上是小萱的字迹。我心里一惊，那是我的好朋友小萱特地让她哥哥转交给我的私人信件。妈妈的眉头微微皱起，眼神里藏着一丝不易察觉的忧虑。

"这是给你的信，不过我已经看过了。"妈妈的声音很平静，但我能感觉到她话语中的犹豫。

我愣住了，心里涌起了一股莫名的情绪。是失望？是愤怒？还是受伤？我不确定。小萱和我之间的信件，对我们来说是一种特别的交流方式，我们会在信中分享彼此的秘密、梦想和忧愁。那是我们之间的小秘密，就像一个小小的、只属于我们的世界。

"妈妈，你为什么要看我的私人信件？"我试图控制自己的情绪，语气尽量平和。

妈妈看着我，眼中闪过一丝愧疚。她解释说，作为父母，她总是担心我，担心我遇到问题又自己解决不了。她说，看我的信是出于对我的爱和关心，但当她读完信后，意识到她侵犯了我的隐私权，对此她感到非常抱歉。

那一刻，我感受到了妈妈的真心。她犯了一个错误，但她的初衷并非恶意。我们坐下来，进行了一次深入的交谈。我向妈妈表达我的感受，告诉她尽管我知道她是出于关心，但每个人都有自己的私人空间，尤其是对正在成长的我来说，这是学会独立和深化自我认识的重要部分。妈妈认真地听着，不时点头。她承认她的做法不妥，并承诺以后会尊重我的隐私。我们达成了一个协议，如果她担心我的话，我们可以通过对话解决问题，而不是通过侵犯隐私的方式。

那天晚上，妈妈在厨房忙碌，准备着我们喜欢的晚餐，我帮着摆放餐具。餐桌上，我们像往常一样交谈，但心里都明白，这次的对话让我们的关系更加坚固了。我知道妈妈爱我，也更加理解了妈妈的担忧和期望。

尽管那天的经历让我感到不愉快，但它成了我和妈妈之间理解和信任更深一层的契机。我学会了表达自己的感受，妈妈学会了尊重和信任。这是成长的一部分，是我们共同经历的一课。

 **法条连接**

《中华人民共和国民法典》

⭐ 第一百一十条　自然人享有生命权、身体权、健康权、姓名权、肖像权、名誉权、荣誉权、隐私权、婚姻自主权等权利。

⭐ 第九百九十条　人格权是民事主体享有的生命权、身体权、健康权、姓名权、名称权、肖像权、名誉权、荣誉权、隐私权等权利。

⭐ 第一千零三十二条　自然人享有隐私权。任何组织或者个人不得以刺探、侵扰、泄露、公开等方式侵害他人的隐私权。

隐私是自然人的私人生活安宁和不愿为他人知晓的私密空间、私密活动、私密信息。

⭐ 第一千零三十三条　除法律另有规定或者权利人明确同意外，任何组织或者个人不得实施下列行为：

…………

（六）以其他方式侵害他人的隐私权。

《中华人民共和国未成年人保护法》

⭐ 第六十三条　任何组织或者个人不得隐匿、毁弃、非法删除未成年人的信件、日记、电子邮件或者其他网络通讯内容。

除下列情形外，任何组织或者个人不得开拆、查阅未成年人的信件、日记、电子邮件或者其他网络通讯内容：

（一）无民事行为能力未成年人的父母或者其他监护人代未成年人开拆、查阅；

（二）因国家安全或者追查刑事犯罪依法进行检查；

（三）紧急情况下为了保护未成年人本人的人身安全。

案例解读

想象一下，每个人都有一个看不见的小箱子，里面装着他们最不想让别人知道的秘密和敏感的个人信息。这个小箱子对未成年人来说，更是珍贵和敏感。《民法典》《未成年人保护法》就像是给这个小箱子上了一把超级锁，确保没有人能随便打开它，窥视里面的内容。

无论是谁，都不能随便透露未成年人的个人隐私。这就是说，我们不能翻看未成年人的日记，或者私自打开他们的信件或电子邮件，爸爸妈妈也不行，这些个人信息就像未成年人的秘密基地，没有被邀请的人是不允许随便进入的，所以妈妈不可以私自看孩子的信件。

妈妈为什么要打我？

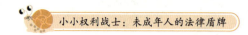

木木生活在一个只有她和妈妈的小家中。从她记事起，就没有见过爸爸的身影。妈妈经常告诉她，因为爸爸离开了她们，所以她们才会生活得这么辛苦。木木的心里总是有一个空洞，那是对爸爸的思念和对完整家庭的向往。

在木木的记忆里，妈妈总是忙碌而且脾气暴躁。有时候，一点儿小事就能让妈妈大发雷霆，而木木常常成为妈妈发泄情绪的对象。每当这时，妈妈总是说："你是我的孩子，我想怎么对你就怎么对你！"木木在这样的环境下渐渐变得沉默寡言，她不敢和别人分享自己的心事，因为妈妈说的那句话像一道无形的墙，将她与世界隔开。

尽管生活中充满了冷漠和苦涩，木木仍然努力在学校里表现得尽可能正常。她渴望得到老师和同学的认可，渴望通过学习改变自己的命运。但是她心里的伤痕和孤独感，却是难以用成绩来抚平的。有一次，木木在作文中写下了自己的故事。她本以为这只是一次普通的作业提交，但没想到这篇作文改变了她的生活。老师读了木木的作文后，感到十分震惊和心疼。他们决定帮助木木改善生活环境。

老师首先与木木进行了深入的谈话，然后尝试与她的妈妈沟通。起初，木木妈妈对老师的介入非常抵触，认为这是对她私生活的侵扰。但随着时间的推移，一些专业的心理咨询师也加入了帮助木木的行列，他们慢慢打开了木木妈妈的心房，让她意识到了她行为的不当和对木木心灵的伤害。

通过专业的帮助和妈妈内心的觉醒，木木的家庭环境开始逐步改善。妈妈学会了控制自己的情绪，也开始努力理解木木的感受。她们之间的关系，虽然不能立刻完全修复，但至少慢慢地向好的方向发展。

木木逐渐学会了表达自己的情感，她知道自己并不孤单，有老师、同学、心理咨询师这样一群人支持着她。虽然她的童年有阴影，但她开始懂得，未来还是充满希望的。

《中华人民共和国民法典》

⭐ 第三十六条 监护人有下列情形之一的，人民法院根据有关个人或者组织的申请，撤销其监护人资格，安排必要的临时监护措施，并按照最有利于被监护人的原则依法指定监护人：

（一）实施严重损害被监护人身心健康的行为；

（二）怠于履行监护职责，或者无法履行监护职责且拒绝将监护职责部分或者全部委托给他人，导致被监护人处于危困状态；

（三）实施严重侵害被监护人合法权益的其他行为。

《中华人民共和国未成年人保护法》

⭐ 第十七条 未成年人的父母或者其他监护人不得实施下列行为：

（一）虐待、遗弃、非法送养未成年人或者对未成年人实施家庭暴力；

…………

⭐ 第一百零八条 未成年人的父母或者其他监护人不依法履行监护职责或者严重侵犯被监护的未成年人合法权益的，人民法院可以根据有关人员或者单位的申请，依法作出人身安全保护令或者撤销监护人资格。

被撤销监护人资格的父母或者其他监护人应当依法继续负担抚养费用。

案例解读

监护人就像孩子的守护者，他们的任务是引导和保护孩子，确保他们的健康、安全，以及权利不受侵犯。如果守护者没有做好他们的工作，如伤害孩子、忽视孩子，或者以其他方式损害孩子的权益，那么法律就会介入，确保孩子得到应有的保护。

根据《民法典》《未成年人保护法》，如果监护人做出了严重伤害孩子身心健康的行为，或者没有履行他们的职责，并拒绝行为改善，那么他们可能会被撤销监护人的资格。这时候法院会介入，为孩子安排临时的保护措施，并给孩子找到一个新的监护人。即便被撤销监护资格，原监护人还是有法律责任继续负担孩子的抚养费用。

小鸿的"探险"

在一个小镇上，小鸿与妈妈和继父生活在一起。自从妈妈再婚后，小鸿的生活发生了翻天覆地的变化。继父对他的态度冷漠甚至偶尔会打骂他，这让小鸿感到非常痛苦和无助。

一天傍晚，小鸿趁着妈妈和继父不注意，偷偷拿家里的电话拨给了爸爸。

"爸爸，是我，小鸿。"他的声音低沉并有些颤抖。

电话那头，爸爸听出了小鸿声音中的不安："小鸿，怎么了？你听起来不太对劲儿。"

小鸿犹豫了一下，终于鼓起勇气说出了自己的遭遇："继父对我不好，妈妈也变了，她不让我见你，我好想你，爸爸。"

爸爸的心如同被重锤击中，他急切地回应："小鸿，不管怎样，你都是我的儿子。如果你不开心，我们可以找办法解决。或许，可以考虑让你来和我生活。"

小鸿的心中泛起了波澜。他既渴望逃离现在的生活，又害怕这个决定会伤害到妈妈的心。他陷入了深深的纠结中。

几天后，小鸿在学校的操场上独自一人坐着，望着天空发呆。他的好朋友明明走了过来，坐在他身边。

"小鸿，你最近怎么总是一个人呢？是不是家里出了什么事？"明明关心地问。

小鸿吞吞吐吐地将自己的烦恼告诉了明明，包括爸爸提出的解决办法。

明明认真地听着，然后说："小鸿，我觉得你应该和你妈妈好好谈谈。告诉她你的感受，也听听她的想法。无论最后的决定是什么，重要的是你能开心、安全地成长。"

小鸿被明明的话触动了，他决定按照明明的建议去做。

那天晚上，小鸿鼓起勇气，找到了妈妈，他们进行了一次深入的对话。小鸿坦白了自己的感受，包括对继父的恐惧和对爸爸的思念。妈妈听后，眼眶湿润了，她没有意识到小鸿的内心已经受到了这么大的伤害。

几天后，小鸿收到了爸爸寄来的一个小包裹。打开后，里面是一本描绘勇士冒险旅程的图画书和一封爸爸的信。信里，爸爸鼓励小鸿要像书中的勇士一样，面对困难不退缩，勇敢地寻找自己的幸福。

小鸿的心里渐渐亮起了希望的光芒。他知道，自己的旅程可能还会遇到许多挑战，但他已经学会了勇敢面对。小鸿的成长就像那本图画书中的冒险旅程，虽然路途遥远，但每一步都充满了希望。

法条连接

《中华人民共和国民法典》

⭐ 第一千零八十四条　父母与子女间的关系，不因父母离婚而消除。离婚后，子女无论由父或者母直接抚养，仍是父母双方的子女。

离婚后，父母对于子女仍有抚养、教育、保护的权利和义务。

离婚后，不满两周岁的子女，以由母亲直接抚养为原则。

已满两周岁的子女，父母双方对抚养问题协议不成的，由人民法院根据双方的具体情况，按照最有利于未成年子女的原则判决。子女已满八周岁的，应当尊重其真实意愿。

⭐ 第一千零八十六条　离婚后，不直接抚养子女的父或者母，有探望子女的权利，另一方有协助的义务。

行使探望权利的方式、时间由当事人协议；协议不成的，由人民法院判决。

父或者母探望子女，不利于子女身心健康的，由人民法院依法中止探望；中止的事由消失后，应当恢复探望。

案例解读

爸爸妈妈和孩子之间的关系，不会因为爸爸妈妈出现感情问题，如离婚了、吵架了，而受到影响。爸爸妈妈离婚后，无论孩子跟着谁，爸爸永远是爸爸，妈妈永远是妈妈，他们对孩子都有抚养义务。

我国《民法典》明确规定：孩子2周岁以内的，一般由妈妈抚养。孩子2周岁到8周岁的，法院会根据爸爸妈妈的工作情况、家庭状况、对孩子的关爱程度等综合考虑。孩子8周岁以上的，则尊重孩子的真实意愿。这项规定是为了保障孩子能感受到更多的关爱。

爸爸妈妈离婚后，并不是说孩子归谁，另一方就没有去看孩子的权利了。但是也不是说，不抚养孩子的一方随时可以看孩子去。这些要双方去协商。探望孩子的时候，爸爸或妈妈不能干涉孩子，对孩子进行不利教育，如果爸爸或妈妈有影响孩子身心健康的，则法院会出面中止爸爸或者妈妈的探望，中止的事由消失后，再恢复探望。

我想有个小妹妹

在一个阳光明媚的下午，芳芳坐在餐桌前，她的眼睛闪烁着不寻常的光芒。哥哥在旁边专心地做着作业，偶尔抬头看看她。

"哥哥，你觉得咱们家要是多一个人会怎么样？"芳芳忽然开口，声音中满是好奇和期待。

哥哥停下手中的笔，有点儿惊讶地看着她："多一个人？你是说……"

"对啊，如果我们有个小妹妹，我会跟她分享我的玩具，还会每天给她讲故事。"芳芳的眼睛里充满了喜悦。

哥哥也很赞同，于是在晚餐时芳芳把这个想法告诉了爸爸妈妈。她的声音里充满了渴望："爸爸，妈妈，我真的很希望我们能有个小妹妹。我会照顾她，保护她，就像……就像哥哥保护我一样。"

爸爸和妈妈对视一眼，说道："芳芳，这是个很大的决定。收养一个孩子，意味着我们要给她所有的爱，就像给你和你哥哥一样。"

妈妈接着说："我们得好好考虑一下，了解所有必要的信息。收养并不简单，有很多法律条件需要满足。"

几天后，爸爸妈妈召集全家开了一个小会议，爸爸开口说："我们查了很多资料，也咨询了相关机构。但很遗憾，根据现在的家庭情况，我们不符合收养的条件。"

芳芳的心一下子沉了下去，眼眶里闪烁着泪光，小声说："是不是因为我做不到一个好姐姐？"

妈妈急忙安慰她："宝贝，不是这样的。你会是世界上最好的姐姐。有些事情不是我们想象的那样简单，但我们的爱是不会改变的。我们是一个家，不管发生什么，我们都会在一起，互相支持和爱护。"

　　周末，爸爸妈妈带着芳芳和哥哥去了当地的儿童福利院当志愿者。在那里，芳芳遇到了很多和她年龄相仿的孩子。她教他们画画，分享她的故事书，甚至组织了一个小型的故事会。通过这些互动，芳芳感到非常快乐和满足。

　　在回家的路上，芳芳对爸爸妈妈说："虽然我没有得到一个小妹妹，但今天，我感觉自己帮助了很多孩子，就像一个大姐姐一样。我想，这也是一种特别的方式，让我感受到了拥有兄弟姐妹的感觉。"

　　爸爸妈妈听后，非常感动，爸爸说："芳芳，你的善良和爱心，让我们非常骄傲。"

　　妈妈补充道："是的，芳芳。你的心里充满了爱，并能够将这份爱传递给其他需要帮助的孩子，这比拥有更多兄弟姐妹还宝贵。"

　　从那以后，芳芳定期到儿童福利院当志愿者。她和哥哥一起，成为那里孩子们的"大姐姐""大哥哥"。芳芳通过自己的行动，不仅给那些孩子们带去了爱和温暖，还让自己的心灵得到了极大的满足和成长。

法条连接

《中华人民共和国民法典》

★ 第一千零九十八条　收养人应当同时具备下列条件：

（一）无子女或者只有一名子女；

（二）有抚养、教育和保护被收养人的能力；

（三）未患有在医学上认为不应当收养子女的疾病；

（四）无不利于被收养人健康成长的违法犯罪记录；

（五）年满三十周岁。

如果想收养孩子，那么下面的五个条件缺一不可：家中没有孩子或者只有一个孩子；有抚养教育孩子的能力；没有患不能收养子女的疾病；没有影响孩子健康成长的违法犯罪记录；必须年满三十周岁。

根据上述法律规定，芳芳家中有芳芳和哥哥，不符合第一项规定，所以芳芳家不符合收养子女的条件。

大伯"强迫我"喝酒

小利出生在一个充满爱与温馨的家庭环境中，他的爸爸妈妈经营着一家风味独特的小餐厅。这家餐厅不仅是他们生计的来源，也是全家人情感交流的重要场所。每当夜幕降临，餐厅的灯光便温暖地照亮了回家的路，小利的爸爸妈妈总能在繁忙中抽空为他准备一桌色香味俱全的美食。但是有一天，因为一些经济原因，小利家的餐厅关门了。全家不仅失去了收入来源，还欠下了一笔债务。那一刻，家庭的氛围变得沉重起来，爸爸妈妈的脸上也罕见地布满了忧愁。

　　小利的爸爸妈妈没有选择放弃，而是出去找了工作，通过不懈努力，终于在今年过年的时候，还清了全部债务，爸爸妈妈还用辛苦工作攒下来的钱买了新车，小利家的餐厅也重新开业。

　　过年的时候，家里的气氛变得格外温馨。小利的大伯来到小利家和他们一起聚餐吃饭，大伯在兴头上说："小利，过年了，快来喝点儿酒，庆祝庆祝，敬爸爸妈妈一杯酒。"

　　小利因为对酒精的排斥，有些犹豫不决："大伯，我不会喝酒。"

　　"喝酒就要从小锻炼，男子汉大丈夫喝点儿酒没事儿！"

　　小利内心很矛盾也很苦恼，大伯平时的脾气很大，好不容易过年了，一大家子开开心心的。小利不想扫了大伯的兴，但是又不知道怎么办才好，于是没有办法，在大伯的强迫下喝了酒。

　　小利好不容易吃完了饭，回到房间，闷闷不乐："我不想喝酒，但是又不想扫了大伯的兴，我该怎么办呢？"

法条连接

《中华人民共和国未成年人保护法》

★ 第十七条　未成年人的父母或者其他监护人不得实施下列行为：

（一）虐待、遗弃、非法送养未成年人或者对未成年人实施家庭暴力；

（二）放任、教唆或者利用未成年人实施违法犯罪行为；

（三）放任、唆使未成年人参与邪教、迷信活动或者接受恐怖主义、分裂主义、极端主义等侵害；

（四）放任、唆使未成年人吸烟（含电子烟，下同）、饮酒、赌博、流浪乞讨或者欺凌他人；

（五）放任或者迫使应当接受义务教育的未成年人失学、辍学；

（六）放任未成年人沉迷网络，接触危害或者可能影响其身心健康的图书、报刊、电影、广播电视节目、音像制品、电子出版物和网络信息等；

（七）放任未成年人进入营业性娱乐场所、酒吧、互联网上网服务营业场所等不适宜未成年人活动的场所；

（八）允许或者迫使未成年人从事国家规定以外的劳动；

（九）允许、迫使未成年人结婚或者为未成年人订立婚约；

（十）违法处分、侵吞未成年人的财产或者利用未成年人牟取不正当利益；

（十一）其他侵犯未成年人身心健康、财产权益或者不依法履行未成年人保护义务的行为。

案例解读

爸爸妈妈或者其他监护人，不但应关心孩子的身体和心理健康，还应通过正面教育和榜样的力量，帮助孩子养成良好的生活习惯及行为模式。《未成年人保护法》中明确规定了爸爸妈妈或者其他监护人的职责，也就是说，爸爸妈妈或者其他监护人有义务防止未成年人接触和沉迷可能危害他们身心健康的活动和行为。

小利的大伯强迫小利喝酒的行为，不符合法律对预防和制止未成年人喝酒的规定。小利的爸爸和妈妈也有义务制止大伯逼迫小利喝酒的行为。

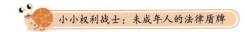

爷爷给我的礼物

在诺诺出生的那天，爷爷送给了他一个特别的礼物——一套温馨的小房子。年月流转，诺诺渐渐长大，那套房子也成了诺诺家一个谈起来就很温馨的话题。然而，一次意外的经济困难让这个话题变得复杂起来。诺诺的妈妈在一个充满潜力的项目中看到了很好的投资机会，可是，她手头资金并不充裕。

一天晚上，诺诺的爸爸和妈妈正坐在客厅的沙发上讨论着这个问题。

"我觉得这个项目非常有前途，如果我们投资，将来的回报一定不菲。"妈妈的眼中闪烁着兴奋的光芒，声音里充满了期待。

"是的，我也相信这个项目的潜力。但我们现在的资金状况……"爸爸的声音有些沉重，他顿了顿，继续说道，"我们不能用诺诺的房子去抵押贷款。"

妈妈的表情突然变得有些紧张，她轻轻咬了咬嘴唇，低声说："但那是我们目前唯一能动用的大笔资金来源。"

"那也不行，那套房子是爷爷给诺诺的，是诺诺的财产，我们没有权利去处置它。"爸爸的语气很坚定。

妈妈沉默了，气氛变得有些凝重。就在这时，诺诺悄悄走到了客厅，他的小脸上满是疑惑。"爸爸妈妈，你们在谈论什么呢？"他好奇地问。

爸爸和妈妈对视一眼，然后爸爸蹲下来，把诺诺拉到自己身边。

"诺诺，我们在讨论一个大人的问题。但你要知道，无论发生什么，我们都会保护你和你的东西。"

诺诺看着爸爸，眼睛里闪烁着对这个世界的好奇和信任。"爸爸说的是真的吗？还是说妈妈可以处理我的任何东西呢？"

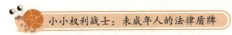

法条连接

《中华人民共和国民法典》

⭐ 第三十四条 监护人的职责是代理被监护人实施民事法律行为，保护被监护人的人身权利、财产权利以及其他合法权益等。

监护人依法履行监护职责产生的权利，受法律保护。

监护人不履行监护职责或者侵害被监护人合法权益的，应当承担法律责任。

因发生突发事件等紧急情况，监护人暂时无法履行监护职责，被监护人的生活处于无人照料状态的，被监护人住所地的居民委员会、村民委员会或者民政部门应当为被监护人安排必要的临时生活照料措施。

⭐ 第三十五条 监护人应当按照最有利于被监护人的原则履行监护职责。监护人除为维护被监护人利益外，不得处分被监护人的财产。

未成年人的监护人履行监护职责，在作出与被监护人利益有关的决定时，应当根据被监护人的年龄和智力状况，尊重被监护人的真实意愿。

成年人的监护人履行监护职责，应当最大程度地尊重被监护人的真实意愿，保障并协助被监护人实施与其智力、精神健康状况相适应的民事法律行为。对被监护人有能力独立处理的事务，监护人不得干涉。

案例解读

　　每个孩子的监护人都有保护孩子人身权利、财产权利以及其他合法权益的职责，他们有义务照顾孩子的生活，保护他们的财产。

　　监护人不仅要保护孩子的身体健康和财产安全，还要考虑到其他可能影响孩子的所有因素，做出最有利于孩子的选择和行动，确保孩子的利益得到最大化。

　　对未成年的孩子来说，当监护人需要做出一些重要决定时，应该听听他们的想法。这不仅是问问孩子想什么，更重要的是，根据孩子的年龄、对社会的了解、认知和判断能力，真正理解孩子的真实意愿。这样可以让孩子感到被尊重，同时能提高他们的独立思考能力。

　　房子是爷爷送给诺诺的礼物，显然，爸爸妈妈是没有权利处置的。

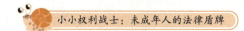

到底是谁的压岁钱？

小林今年 12 岁了，过年的时候，收到了家里亲戚们给的红包。过完年，小林坐在床上数了数，红包里的压岁钱一共 5000 多元。小林很开心，心想："我也有钱了，我要买部新手机。爸爸妈妈都有自己的手机，我也要有。"

小林从来没有花过这么多钱，自己很纠结，可以用这钱买手机吗？小林在家里的客厅转了几圈，心里盘算着怎么开口。客厅里暖黄色的灯光营造出一种温馨的氛围，电视里正播放着一个欢乐的节目，爸爸妈妈坐在沙发上，脸上洋溢着轻松愉快的笑容。小林深吸了一口气，鼓起了勇气。

"爸爸妈妈，我……我想用压岁钱买一部手机。"小林小心翼翼地说。

妈妈转过头，有些惊讶地看着小林，然后温柔地说："买手机？你要用手机做什么用呢？"

小林点点头，急切地解释自己的想法："是的，妈妈。我用手机可以阅读一些资料，也可以看自己喜欢的视频，还可以跟我的好朋友们联系。"

妈妈沉默了一会儿，脸上的表情变得严肃起来："小林，压岁钱虽然是给你的，但是用这么多钱买手机，你觉得合适吗？你需要考虑清楚，这笔钱还可以用在更重要的地方。"

小林有些失落，低下了头："但是，妈妈，那不是我的压岁钱吗？我不能决定怎么用吗？"

看着小林失落的脸，妈妈的语气变得柔和，她拉过小林坐在她旁边，耐心地解释道："小林，你知道，压岁钱是一种祝福，是长辈们对你新一年的美好祝愿。虽然这笔钱给了你，但作为家长，我们有责任帮助你

学会如何合理管理和使用这笔钱。你现在还小，许多事情需要我们来引导你。"

小林仍然有些不甘心，小声嘟囔着："但我真的很需要一部手机。"

妈妈看着他，认真地说："小林，我们理解你想要一部手机的心情。但在我们看来，手机对你来说并不是一个必需品。你的学习和日常生活都可以通过现有的方式很好地进行。如果你需要用手机，比如查资料或者和朋友联系，可以用爸爸妈妈的手机。我们总是愿意帮助你的。"

小林沉默了，他开始反思自己对手机的渴望是否真的那么迫切。

妈妈继续说："你看，如果我们现在用这笔钱买了手机，可能很快就会被更先进的型号取代，那时你会觉得不满足。但如果我们把这笔钱用在更有价值的事情上，如购买书籍或者用作教育基金，将会对你的成长有更大的帮助。"

小林听着妈妈的话，渐渐平静下来，开始理解妈妈的良苦用心。

"那么，压岁钱到底是谁的呢？"小林抬头，认真地问。

"压岁钱是你的，但如何使用它，我们需要一起来决定。这样不仅可以帮助你学会如何规划和管理自己的财产，还能让这笔钱发挥出最大的价值。"妈妈回答。

小林很疑惑："我什么时候才能拥有我自己的钱的使用权呢？"

法条连接

《中华人民共和国民法典》

⭐ 第十八条　成年人为完全民事行为能力人，可以独立实施民事法律行为。

十六周岁以上的未成年人，以自己的劳动收入为主要生活来源的，视为完全民事行为能力人。

⭐ 第十九条　八周岁以上的未成年人为限制民事行为能力人，实施民事法律行为由其法定代理人代理或者经其法定代理人同意、追认；但是，可以独立实施纯获利益的民事法律行为或者与其年龄、智力相适应的民事法律行为。

⭐ 第二十条　不满八周岁的未成年人为无民事行为能力人，由其法定代理人代理实施民事法律行为。

案例解读

成年人具有完全民事行为能力，可以独立实施民事法律行为，如签合同、买卖财产等。16周岁以上的未成年人，如果他们主要依靠自己的劳动收入生活，则视为完全民事行为能力人

8岁以上的未成年人，为限制民事行为能力人。当他们实施民事法律行为时，需要他们的法定代理人，如爸爸妈妈的同意、追认。但是如

果是纯获利的事，或者他们年龄和智力能够理解的事，他们也可以自己做决定。

8岁以下的未成年人被认为是没有民事行为能力的。他们不能独立进行任何法律行为，所有的行为都要在爸爸妈妈允许的情况下进行。

小林刚12岁，属于限制民事行为能力人，而5000元属于大额消费，需要征求爸爸妈妈的同意才能购买手机。

谁来赡养他？

在小明的眼里，张爷爷是那条街上最温柔的人。每当放学回家，他都能看到张爷爷在院子里悠闲地浇花，或是修剪着那些小明不知名的花花草草。张爷爷总是面带微笑，邀请小明一起玩耍，给他讲各种各样的故事。

"小明，今天在学校怎么样？"张爷爷总是这样问，关心着小明的一切。

"很好啊，张爷爷，今天我们学了新的数学题，我都会了！"小明兴奋地回答，他总是喜欢和张爷爷分享自己的快乐。

然而，张爷爷的家里有着不同的气氛。张爷爷收养的刘铭，经常对他大声喊叫，抱怨这个抱怨那个。小明有一次听到了刘铭对张爷爷的怒骂，他感到非常不解和难过。

"张爷爷，为什么刘叔叔总是那样对你？"一天，小明忍不住问道。

张爷爷无奈地摇了摇头："每个人都有苦恼，小明，我们要学会理解和包容。"

但小明心里还很不是滋味。尤其是在刘铭结婚那天，张爷爷几乎用尽了自己的积蓄，为刘铭买了房子，准备了婚礼。但婚后刘铭很少回来看望张爷爷，院子里的花花草草也渐渐失去了往日的光彩，张爷爷常常一个人静静地站在院子里，望着远方发呆。

小明很苦恼，他想帮助张爷爷，有一天刘铭来了，小明问道："刘叔叔，你为什么不经常来看张爷爷呢？"刘铭说："我是他收养的孩子，又没有赡养他的义务，我为什么要来看他？"

小明很苦恼，到底谁来赡养张爷爷呢？

法条连接

《中华人民共和国民法典》

⭐ 第二十六条 成年子女对父母负有赡养、扶助和保护的义务。

⭐ 第一千零六十七条 成年子女不履行赡养义务的，缺乏劳动能力或者生活困难的父母，有要求成年子女给付赡养费的权利。

⭐ 第一千一百一十一条 自收养关系成立之日起，养父母与养子女间的权利义务关系，适用本法关于父母子女关系的规定；养子女与养父母的近亲属间的权利义务关系，适用本法关于子女与父母的近亲属关系的规定。

养子女与生父母以及其他近亲属间的权利义务关系，因收养关系的成立而消除。

案例解读

当爸爸妈妈老了或者需要帮助的时候，成年子女有义务照顾他们。这不仅包括给他们物质上的支持，还包括提供必要的帮助和保护，确保他们的生活质量。如果成年子女没有履行照顾父母的义务，而父母又确实需要帮助，比如他们生活不能自理或者生活条件很差，父母就有权利要求儿女给他们赡养费。

　　一旦收养关系成立，养父母与养子女之间，以及养子女与养父母近亲属之间的权利和义务，就像亲生家庭成员一样。也就是说，养父母与养子女享有和父母与子女一样的权利和义务。同时，一旦收养关系成立，养子女与其生父母及其他近亲属之间的法律关系就解除了，也就是说，他们之间没有法律上规定的权利和义务了。

第二章

学校篇

学校是每个孩子成长的摇篮

在书声琅琅的氛围中，孩子将学会如何维护自己的权利，确保每一天都充满自由的空气。

我不想上学了

在一个阳光明媚的早晨，森森坐在餐桌前，玩弄着碗里的食物，脸上写满了不愿意。"我不想上学了。"他小声嘟囔着，声音几乎淹没在鸟鸣声中。

妈妈停下手中的活，爸爸也放下了报纸，他们对视一眼，眼中都是关切。"森森，发生了什么事？为什么突然不想上学了？"妈妈温柔地问。

森森抬头，眼中闪过一丝委屈："学校太无聊了，而且作业好多，我宁愿在家玩。为什么要上五天学放两天假，不能上两天学放五天假呢？"

爸爸轻轻叹了口气，语气平和却严肃地解释道："上学不仅是学习知识，更重要的是培养与人交往、独立思考与解决问题的能力。无论将来你从事什么工作，这些能力都是你宝贵的财富。"

见森森仍旧沉默，爸爸决定换个方式："怎么样，我们来做个约定。今天我陪你一起去学校。我想听听老师对你的看法，看看是什么让你这么不开心。我们一起找找解决的办法，好吗？"

森森抬起头，眼中露出了一丝惊讶："真的吗，你会陪我一起去学校吗，爸爸？"

"当然。"爸爸笑着回答，他的眼神里充满了鼓励和支持。

爸爸如约陪着森森去了学校，他耐心地听森森讲述在学校的不快乐，也观察了教室的环境，与森森的老师进行了深入的交流。通过观察和与老师的交流，爸爸帮助森森找到了解决问题的方法，如有效管理时间，如何与同学和老师沟通，等等。

回家的路上，森森看起来轻松了许多。他紧紧握着爸爸的手，感受到了从未有过的安全感和被理解的温暖。

"爸爸，谢谢你今天陪我去学校。我明白了，虽然在学习的过程中有可能遇到困难和挑战，但我会尽力去面对。因为我知道，无论遇到什么问题，都有爸爸妈妈在我身边支持我！"

爸爸说："当然啦，爸爸妈妈是你永远的后盾！"

从这以后，森森对上学的态度有了很大的改变。他开始积极参与课堂讨论，与同学们建立了更深的友谊。虽然偶尔还会遇到困难，但他已经学会了如何寻求帮助，如何勇敢面对了。

法条连接

《中华人民共和国未成年人保护法》

⭐ 第三条　国家保障未成年人的生存权、发展权、受保护权、参与权等权利。

未成年人依法平等地享有各项权利，不因本人及其父母或者其他监护人的民族、种族、性别、户籍、职业、宗教信仰、教育程度、家庭状况、身心健康状况等受到歧视。

⭐ 第十六条　未成年人的父母或者其他监护人应当履行下列监护职责：

……………

（五）尊重未成年人受教育的权利，保障适龄未成年人依法接受并完成义务教育；

……………

 案例解读

　　每个孩子生来就拥有接受教育的权利，且不受任何形式的限制或忽视。不论是国家机构、社会团体、学校还是家庭，都有义务保障每个孩子能够平等地接受教育。

　　监护人承担着确保孩子接受教育的重要责任。他们需要确保孩子在适当年龄时进入学校学习，并且完成法律规定的义务教育。也就是说，监护人不应因为任何原因，无论是家庭经济困难、孩子的学习兴趣不高，还是其他任何原因，剥夺孩子受教育的权利。

课堂上的风暴

在一个阳光明媚的上午，课堂上本应充满了浓厚的学习气氛，但木仔的捣蛋打破了气氛。他坐在教室的后排，一边做着小动作，一边不时发出响亮的笑声，导致同学们的注意力都集中在了他身上。

李老师正在讲台上认真地讲解着数学题，突然被一阵突兀的笑声打断。她放下粉笔，严厉地扫视了一圈，最终将目光锁定在木仔身上。

"木仔，你这是在干什么？"李老师的声音冰冷，透着不容置疑的严厉。

木仔有些不安地低下了头，嘴里嘟囔着："没……没什么。"

"没什么？你的行为已经严重扰乱了课堂秩序，你知道吗？"李老师的声音越来越高，整个教室的气氛变得凝重起来。

木仔不敢回答，只是静静地站在那里，低着头。

李老师走下讲台，手中多了一根木棍。她走到木仔面前，厉声说道："你需要一个教训，才能遵守课堂纪律。"于是李老师抬起手中的木棍，狠狠地打在了木仔的手心上。木仔痛得倒吸一口气，眼泪在眼眶里打转，但他咬着牙，没有哭出声。

"记住，下次再敢扰乱课堂秩序，后果会更严重。"李老师说完，转身回到讲台上继续上课。

木仔站在原地，手心火辣辣地疼，泪水终于忍不住滑了下来。其他同学都安静地看着这一切，没有人敢出声。木仔心里很难受，从那时候开始，木仔非常害怕李老师，不想上李老师的课，晚上做梦也总梦到李老师打他的场景，原本顽皮的木仔变得郁郁寡欢起来。

法条连接

《中华人民共和国民法典》

⭐ 第一千一百九十九条　无民事行为能力人在幼儿园、学校或者其他教育机构学习、生活期间受到人身损害的，幼儿园、学校或者其他教育机构应当承担侵权责任；但是，能够证明尽到教育、管理职责的，不承担侵权责任。

《中华人民共和国未成年人保护法》

⭐ 第二十七条　学校、幼儿园的教职员工应当尊重未成年人人格尊严，不得对未成年人实施体罚、变相体罚或者其他侮辱人格尊严的行为。

案例解读

如果学生在学校或其他教育机构受到人身损害，学校如果不能证明已经尽到了教育和管理的职责，就需要承担责任。学校和老师在管理学生时，需要采取适当的方式，既要维护课堂秩序，也要保护学生的身心健康，不能采取体罚或者侮辱学生的方式。在这个案例中，木仔在课堂上的行为确实扰乱了教学秩序，这是不应该的。但是，李老师选择用木棍打木仔手心的方式来处罚他的做法是不恰当的，是违反法律规定的。

李老师应当寻找更合理、更有利于学生身心健康发展的教育方式。同时，学生应当遵守课堂纪律，做一个文明守礼的好学生。

推搡的"代价"

随着下课铃声响起，孩子们像往常一样兴奋地冲出教室，准备享受他们的课间活动时间。小米和小月，两个平时关系很好的朋友，也一起出了教室。她们边走边说话，不知不觉打闹起来。

　　走廊上的孩子们有的围在一起交流着小秘密，有的忙着赶往下一个活动场所。小米和小月的打闹并没有引起太多人的注意。突然，小米不小心用力过猛，推了小月一把。小月的身体失去平衡，向后倒去，直接从楼梯上跌落下去。小月躺在地上，痛得无法说话，只能呻吟。

　　小米的心里充满了愧疚，不停地对小月说："对不起，小月，我不是故意的。你没事吧？请你一定要没事啊！"但是，小月没有回答她。

　　学校立刻将小月送往医院。经过检查，小月的伤势比较严重，需要住院治疗，医药费高达 3 万元。

　　小米回到家后，愧疚和自责让她几乎无法面对自己的父母。晚饭时，她低着头，声音颤抖着说道："爸爸、妈妈，我……我真的不是故意的。我和小月只是在玩，我……我怎么能这样对朋友……"

　　在小月住院期间，小米几乎每天都会去医院看望她。每次见面，小米都会低着头，不知道该说些什么，心中充满了歉意。

　　小月出院后，学校举行了一次特别的班会，讨论这次事件给大家带来的教训。老师和学生们共同反思，如何在日常生活中更加注意安全，避免类似事故的再发生。

　　小米站在全班面前，眼眶含泪地说道："因为我的一时冲动，给小月带来了这么大的伤害，我感到非常抱歉。我希望大家能从我的错误中吸取教训，更加珍惜同学和朋友，平常玩闹时注意安全。"

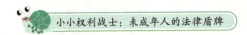

通过这件事，同学们都认识到了推搡打闹的危险，但是推搡的代价，应该由谁承担呢？也就是说，小月的医药费，应当由谁承担呢？

 法条连接

《中华人民共和国民法典》

⭐ 第一千一百九十九条 无民事行为能力人在幼儿园、学校或者其他教育机构学习、生活期间受到人身损害的，幼儿园、学校或者其他教育机构应当承担侵权责任；但是，能够证明尽到教育、管理职责的，不承担侵权责任。

⭐ 第一千二百条 限制民事行为能力人在学校或者其他教育机构学习、生活期间受到人身损害，学校或者其他教育机构未尽到教育、管理职责的，应当承担侵权责任。

⭐ 第一千一百八十八条 无民事行为能力人、限制民事行为能力人造成他人损害的，由监护人承担侵权责任。监护人尽到监护职责的，可以减轻其侵权责任。

有财产的无民事行为能力人、限制民事行为能力人造成他人损害的，从本人财产中支付赔偿费用；不足部分，由监护人赔偿。

 案例解读

就学校而言，除了承担着教书育人的责任，还承担着保护学生安全的责任。在对学生进行安全知识教育时，学校不仅应该通过言语的、理论层面的方式进行，对于年龄较小的未成年人还应当加强外部行为的看管和约束，从源头上尽可能杜绝安全事故的发生。这样做，一方面是对学生人身安全的保护，另一方面是对学校和老师的保护。

根据《民法典》中的相关规定，故事里的小米和小月都是小学生，所以她们属于无民事行为能力人或者受限制民事行为能力人，赔偿责任应当由他们的监护人承担。虽然这个事情发生在学校，但是老师不能随时掌握每个学生的动向，因此，只要学校能证明在安全方面没有隐患，并且日常对学生开展安全教育等，那么对于小月的赔偿，就应当由小米的监护人承担。相反，如果学校安全教育或者安全防护不到位，那么学校也应当承担相应的赔偿责任。

老师让我退学

在一个阳光明媚的早晨，张老师的话如同一把锋利的匕首，刺痛了小明的心。小明是张老师班上的学生，他的成绩不是很好，但他对学习充满了热情。然而，最近的一次考试，小明又成了班上的倒数第一。张老师的耐心似乎已经消耗殆尽。

"小明，你真是太让我失望了。"张老师在课后留下小明，声音里满是不耐烦地喊道。

"你每次考试都是班上倒数第一，还经常在课堂上捣乱，你的行为严重影响了其他同学学习。你知道吗？你这样做，对自己和别人都不负责任。"

小明低下了头，泪水在眼眶里打转，但他没有哭出来。

"张老师，我在学习上已经尽力了，以后，我一定会管好自己，好好听课。"小明的声音微弱得几乎听不见。

"尽力了？如果你尽力了，为什么成绩还是这样？你说你要好好听课，你觉得我还能相信你吗？"张老师的声调越来越高，"我觉得，也许你不适合这里。你明天开始不要来学校了。"

小明心如死灰，他没想到张老师会对他说出这样的话。走出教室，小明的脚步异常沉重。他不敢相信自己被老师放弃了，感觉自己像是被整个世界抛弃。

小明的情况很快传遍了学校，引起了许多人的关注。有人同情小明，也有人对张老师的做法表示不解。但更多的是对小明指手画脚。小明哭着走回了家。

晚上在家吃饭的时候，小明吃不下饭，爸爸妈妈发现了他的异常，妈妈问道："小明，怎么了？在学校有不开心的事情吗？"

看到妈妈关切的眼神，小明再也忍不住了，把学校的遭遇告诉了妈妈。第二天，爸爸带着小明来到学校，找到了张老师，爸爸跟张老师说："张老师，我知道小明的成绩不好，行为也有问题，但是我觉得，我们应该引导他，帮助他成长，而不是放弃他。"

张老师说："小明的情况不只是个人的问题，他完全影响了我们班级的评优，也严重影响了其他学生的学习。我没有办法把他继续留在班内。"

老师的话再一次深深刺痛了小明的心，小明心想："我该怎么办，我要去哪里才能上学呢？"

法条连接

《中华人民共和国未成年人保护法》

⭐ 第二十八条　学校应当保障未成年学生受教育的权利，不得违反国家规定开除、变相开除未成年学生。

学校应当对尚未完成义务教育的辍学未成年学生进行登记并劝返复学；劝返无效的，应当及时向教育行政部门书面报告。

案例解读

　　学校需要履行确保未成年学生接受教育的义务，不能违反国家的规定开除学生或者变相开除学生。对那些没有完成义务教育的辍学未成年学生，学校要进行记录，并努力劝说他们回到学校继续学习。如果劝说没有效果，学校需要及时将情况以书面的形式报告给教育行政部门。

　　面对未成年的义务教育阶段学生，张老师直接选择让他停学，违背了教育机构应当承担的保护和支持学生接受教育的职责。根据《民法典》《未成年人保护法》的规定，无论小明的成绩如何或者他在课堂上的行为如何，学校和老师都有责任引导和帮助他，而不是放弃他。

　　小明和他的父母有权要求学校采取更加合理和符合法律规定的措施，帮助小明解决学习和行为上的问题，而不是无条件地开除或放弃他。

破旧的校车

清晨，城市慢慢苏醒，街道上的人群如潮水般涌动，交通高峰期的喧嚣与急促交织着每个人的脚步。小然站在家门口，眼前这一幕已经成为他日常的一部分。与城市的忙碌不同，小然虽不忙碌但心情并不轻松。他每天要面对一辆破旧不堪的校车，这辆校车是他每天上下学的交通工具。

车身漆面剥落，座椅破损，每次在拥挤的街道上缓慢前行时，这辆校车都会发出吱吱嘎嘎的响声。小然的记忆中，这辆校车从未空过座位。每次他挤上车，总需要站在颠簸的车厢里，小心翼翼地保持平衡，以免被一个急刹车甩出去。

有一天，小然与他的同学李浩在教室里聊起了关于校车的话题。

小然叹了口气，对李浩说："你知道吗，每次坐校车，我都感觉自己像在进行一次冒险。车那么旧，我总担心哪天会出什么事。"

李浩点了点头，表情凝重地说道："我也是，我爸爸说安全最重要。但是看看我们的校车，每次上下车，我都感觉自己完成了一项任务似的。"

小然和李浩彼此对视，眼神中流露出一丝无奈。不只是他们在经历这种情况，周围许多同学也有相同的感受，但大家似乎习惯了这种无力感，接受了这种每日与破旧校车斗争的现实。

小然的眼神中闪过一丝坚定，他对李浩说："不对，咱们不能这样下去了，安全是第一位的！"这句话像是打破沉默的一石，激起了李浩心中的波澜。他认真地点头回应："对，我们应该寻求帮助。"

"但是我们该去哪儿寻求帮助呢？"李浩的话语中带着一丝无助感。尽管他们有改变现状的强烈愿望，但对具体的行动路径，两人都十分迷茫。

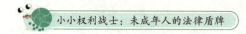

"走，咱们去找老师反映情况，老师很关心我们的安全。实在没办法，咱们就让爸爸妈妈跟学校沟通。"小然坚定地说。

小然和李浩找到了他们的班主任，但是班主任很遗憾地告诉他们，这个问题已经跟学校反映过了，学校因为经费不足，还没有更换新的校车。

在得知学校因经费问题无法更换新校车后，小然和李浩面面相觑，沉重的心情像是被云雨笼罩。小然他们该怎么办呢？

 法条连接

《中华人民共和国未成年人保护法》

★ 第三十六条　使用校车的学校、幼儿园应当建立健全校车安全管理制度，配备安全管理人员，定期对校车进行安全检查，对校车驾驶人进行安全教育，并向未成年人讲解校车安全乘坐知识，培养未成年人校车安全事故应急处理技能。

★ 第三十七条　学校、幼儿园应当根据需要，制定应对自然灾害、事故灾难、公共卫生事件等突发事件和意外伤害的预案，配备相应设施并定期进行必要的演练。

未成年人在校内、园内或者本校、本园组织的校外、园外活动中发生人身伤害事故的，学校、幼儿园应当立即救护，妥善处理，及时通知未成年人的父母或者其他监护人，并向有关部门报告。

案例解读

　　学校应当建立安全管理制度，保障未成年人的人身安全。使用校车的学校需要建立完善的校车安全管理制度，包括配备专职的安全管理人员、定期对校车进行安全检查、对校车司机进行安全教育、向未成年人普及校车安全乘坐知识和紧急处理技能、保障学生的乘车安全等。

　　故事中的学校在这方面存在明显的不足。破旧的校车不仅影响学生的日常出行安全，还对学生的心理健康产生不良影响。学校忽略了对校车安全状况的定期检查和必要的安全教育，违反了法律对校车安全管理的规定。

学习机风波

高中校园的走廊上，李明带着一丝兴奋的表情，向同学们展示他新买的最新款学习机。这款学习机拥有先进的功能，是目前市面上的热门之选。李明的家庭条件不错，能够负担得起这样一款高端产品。

"看看这个，它可以直接接入互联网，搜索资料！"李明兴奋地向周围的同学们展示着。

而在一旁静静看着的赵强，心里既羡慕又有些许失落。他的家庭条件不允许他拥有这样昂贵的学习工具。有一天，李明发现自己的学习机不见了。他急忙在班级里四处寻找，却没有任何线索。

就在这时，他在图书馆里看到赵强正在使用一款和他的一样的学习机。心怀怀疑的李明走了过去，心想：赵强的家庭条件并不富裕，他肯定买不起这么贵的学习机。于是带着明显的指责对赵强说："赵强，这是不是我的学习机？你怎么会有和我一模一样的？"

赵强看了看李明，又看了看手中的学习机，平静地回应："这是我叔叔送给我的生日礼物。"

李明却不相信："你怎么可能有钱买这个？你把学习机打开，我要看看是不是我的。"

赵强认为李明简直不可理喻，心里面感到一阵委屈，但是为了证明自己的清白，不把事情闹大，还是把他手里的学习机递给了李明。

经过仔细查看，李明确定这个学习机是赵强的，而不是他的。

赵强心里很委屈。李明的行为是不是侵犯了赵强的权利呢？

法条连接

《中华人民共和国民法典》

⭐ 第一百一十条　自然人享有生命权、身体权、健康权、姓名权、肖像权、名誉权、荣誉权、隐私权、婚姻自主权等权利。

法人、非法人组织享有名称权、名誉权和荣誉权。

⭐ 第一千零二十四条　民事主体享有名誉权。任何组织或者个人不得以侮辱、诽谤等方式侵害他人的名誉权。

案例解读

我国《民法典》规定，每个人都享有姓名权、名誉权、隐私权等。名誉是对民事主体的品德、声望、才能、信用等的社会评价。隐私则是民事主体不愿被他人知晓的信息。

在这个案例中，李明的行为侵犯了赵强的名誉权和隐私权。李明公开质疑赵强，会对赵强的名誉造成不良影响，同时他强行查看赵强的学习机，侵犯了赵强的隐私权。

任何人不得通过侮辱、诽谤等方式侵害他人的名誉权。虽然李明没有直接使用侮辱性言语，但他的怀疑和指责行为，也是对赵强名誉的侵害，可能会导致赵强在同学中的形象受损。

根据《中华人民共和国刑法》第二百四十六条的规定，以暴力或者其他方法公然侮辱他人或者捏造事实诽谤他人，情节严重的，处三年以下有期徒刑、拘役、管制或者剥夺政治权利。所以说，侵犯别人的名誉权，不仅需要承担民事侵权方面的责任，情节严重的，还可能涉及犯罪，受到刑事处罚。

课外书之困

小明和他的同学们迎来了四年级的新学期，他们就读学校的老师们都有着对教育的热情和责任心。学生和家长都非常喜欢这个学校。

但是每年开学前夕，家长们总会收到一个熟悉的通知："语文课外辅导书200元，英语课外辅导书200元，数学课外辅导书150元。"虽然通知中强调自愿购买，但现实是另一番景象。

随着新学期的到来，老师们开始布置作业，而这些作业总是出自那些所谓"自愿"购买的课外辅导书。家长们虽然心存不满，但考虑到孩子的学习，最终还是选择纷纷掏钱购买。这种不言而喻的规则，成了学校与家长之间默契的一部分。

就在家长们刚刚适应这一套路后，一个意外的变化打破了这个平衡。有一天，小明放学回家，手里拿着那几本新买的课外辅导书，有些无奈地对妈妈说："妈妈，老师说了，有领导要来学校检查，课外辅导书不能带到学校了，得放在家里。"

在家长微信群里，随着小明妈妈分享关于学校突然不允许孩子带课外辅导书到学校的消息，群里立刻活跃了起来。家长们的反应各不相同，但普遍是困惑和不满。

李阿姨首先发言："大家都买了书，现在突然说不能带到学校，那我们买这些书到底是为了什么？"

王叔叔紧接着说："是啊，我听说是因为有领导要来检查，学校怕被说成是强迫家长购买课外书。这不是明摆着吗？我们都感觉到了这种压力。"

张妈妈提出了一个办法："我们能不能集体写一封信给学校，说明我们的立场和担忧？不能就这样默默接受。"

　　家长们对此感到困惑和不安：已经买了书，但孩子们不能带到学校，这是怎么回事？家长们开始意识到，这种课外辅导书的强制性购买，不仅给家庭带来了经济负担，还存在着某种不明说的压力。一些家长开始组织起来，希望能与学校进行沟通，寻找一个更合理的解决方案。

　　随着家长跟学校的沟通，学校给出了统一答复："学校从来没有让老师通知家长购买课外辅导书，某些老师只是推荐，并不集中购买。"

　　对学校的回复，家长们该怎么做呢？这种强制购买课外辅导书的压力，又该怎么化解呢？

法条连接

《中华人民共和国未成年人保护法》

　　第三十八条　学校、幼儿园不得安排未成年人参加商业性活动，不得向未成年人及其父母或者其他监护人推销或者要求其购买指定的商品和服务。

　　学校、幼儿园不得与校外培训机构合作为未成年人提供有偿课程辅导。

 案例解读

　　《未成年人保护法》明确禁止学校和幼儿园安排未成年人参加商业性活动,向未成年人及其监护人推销或要求购买指定商品和服务,以及学校和幼儿园与校外培训机构合作提供有偿课程辅导给未成年人。

　　在上面案例中小明和其他同学的家长被要求购买指定的课外辅导书,实际上违背了《未成年人保护法》的规定。此举不仅增加了家庭的经济负担,还可能给未成年人带来额外的心理压力,影响他们正常的学习和生活。

　　学校和幼儿园不得与校外培训机构合作提供有偿课程辅导的规定,旨在确保教育活动的纯净性和公平性,避免教育过程的商业化,保障学生的学习权益不受侵犯。家长们有权利要求学校解释和改正其行为,真正做到保护未成年人的合法权益。家长们可以通过合法途径,如书面沟通、请求教育行政部门介入等方式,要求学校改正不当行为,保障孩子们的教育过程公平、健康、无商业化。

我不是"破烂王"

最近，四年级的小虎遇到了一件糟心事，他认为学校并不总是一个快乐的地方。

小虎的爸爸妈妈是辛勤的废品回收工，尽管工作很辛苦，但他们却保持着乐观的心态，希望能给小虎一个更好的未来。小虎也因此学会了珍惜和感恩，并为自己的家庭感到骄傲。

有一天，小虎同宿舍的同学小强，不知道从哪里听到了小虎的家庭情况，开始取笑他，并给他起了一个"破烂王"的绰号，还在班级内散布，告诉其他同学："小虎家里是收破烂的，他是'破烂王'。"这个绰号很快在班级内传开。

"破烂王"这个绰号如同锋利的刀片，每次都在小虎心上划过。他试图以微笑掩饰内心的创伤，但孤独和痛苦像影子一样紧紧跟随着他。随着小强的起哄，同学们纷纷远离小虎，那些曾经的欢笑，现在成了遥不可及的奢望。

小虎决定向班主任谢老师寻求帮助，他找到谢老师，将被小强欺负并起绰号的事情说了出来。但是谢老师笑着说："小强只是在开玩笑，你不要太认真。"小虎听了老师的话，感到非常无助和失望。

小虎回到宿舍，躺在床上，心里很难受。耳边总是响起小强说的一句一句的"破烂王，小虎是破烂王"。他再次感到了无助和孤独，最后他决定找校长寻求帮助。他写了一封信，放到了校长的办公桌上。

这封信成了转折点。校长看到信后，立刻采取行动，召集全体教师和学生，开展了一场关于尊重与同理心的会议。小虎的故事被匿名分享，让许多人的眼睛湿润，也让小强的心有所触动。

随后，小虎所在班级开了一次班会，小强缓缓站起身来，整个教室陷入了一种压抑的静默中。他深深地吸了一口气，声音略显颤抖地打破了沉默："同学们，我有话要说。"

班里的氛围突然紧张起来，所有的目光都集中在他身上。小强避开小虎的目光，低下了头，接着说道："我想对小虎说对不起。这段时间，我给你取了个不好的绰号，还让别的同学跟你保持距离。我……我现在意识到我做错了。"

教室里静得可以听到针落地的声音，小虎吃惊地抬头看着小强，不敢相信这是小强说出来的。

小强吞了吞口水，继续说："我以为那只是开玩笑，但现在我明白，我的'玩笑'伤害了你，让你感到孤独和痛苦，我很抱歉。"他的声音里充满了悔恨和诚意。

班里一片寂静，然后是小虎温柔的声音响起："小强，我接受你的道歉。"他的话简单又充满力量，让班里的每一个人都能感受到宽恕和重生的力量。

小强抬起头，目光终于和小虎相遇，他眼中的真诚如同冬日里的暖阳，融化了小虎心中的"冰霜"："谢谢你，小虎。我保证，以后绝不会再这样了。"

小虎微笑着，点了点头。那一刻，班级的氛围发生了微妙的变化，仿佛所有的不快和误解都随那句道歉烟消云散。班主任谢老师在班会最后，跟小虎说："小虎，我也应该给你道个歉，我没有意识到这个事情的严重性。"

谢老师的话让整个教室再次陷入短暂的沉默，然后是一阵温暖的掌声。小虎的眼中闪烁着泪光，但这次，是因为感动。

《中华人民共和国未成年人保护法》

⭐ 第三十九条　学校应当建立学生欺凌防控工作制度，对教职员工、学生等开展防治学生欺凌的教育和培训。

学校对学生欺凌行为应当立即制止，通知实施欺凌和被欺凌未成年学生的父母或者其他监护人参与欺凌行为的认定和处理；对相关未成年学生及时给予心理辅导、教育和引导；对相关未成年学生的父母或者其他监护人给予必要的家庭教育指导。

对实施欺凌的未成年学生，学校应当根据欺凌行为的性质和程度，依法加强管教。对严重的欺凌行为，学校不得隐瞒，应当及时向公安机关、教育行政部门报告，并配合相关部门依法处理。

案例解读

《未成年人保护法》明确规定：学生欺凌，是指发生在学生之间，一方蓄意或者恶意通过肢体、语言及网络等手段实施欺压、侮辱，造成另一方人身伤害、财产损失或者精神损害的行为。

当发生学生欺凌事件，老师应做到以下几点：①立即制止学生欺凌行为；②通知学生的父母或者其他监护人参与欺凌行为的认定和处理；③对实施欺凌的未成年学生，根据欺凌行为的性质和程度，依法加强管教；④对严重欺凌行为不得隐瞒，应当及时向公安机关、教育行政部门报告并配合相关部门依法处理。

上面案例中小强的行为已经构成欺凌，而班主任谢老师没有立即制止小强的欺凌行为，没有关照到小虎的情绪，但校长的做法及时制止了事态的恶化。

尴尬的早晨

　　小黑今年 10 岁了，因为爸爸妈妈工作比较忙，每天加班到很晚，没有时间辅导小黑写作业，所以在征得小黑的同意后，把他送到了一所本市的寄宿制学校。

　　小黑的适应能力本来就较弱，加上之前没有在学校住宿过，转学后的小黑很不习惯，经常失眠，一旦睡着，就睡得特别熟，以致经常尿床。所以，很多时候，小黑需要把自己的铺盖卷起来，以掩盖自己尿床的尴尬。

　　因为小黑经常卷起铺盖，宿管阿姨也不喜欢他，并把这个事情告诉了小黑的班主任李老师。

　　李老师很生气，当着同学们的面，说小黑："你再尿床，就让你天天打扫厕所。"同学们知道了小黑尿床的事，都不愿意和他一起玩、一起学习。这导致刚转学来的小黑，更不适应学校生活，感觉更孤独了。

　　渐渐地，小黑不爱说话了，包括放假回家，也总喜欢躲在自己的房间里。爸爸妈妈发现了这个情况，于是问小黑："宝贝，怎么了？是不是有什么不开心的事？"

　　小黑鼓足勇气，把在学校的事情告诉了爸爸妈妈。于是爸爸妈妈去学校找李老师理论，说李老师侵犯了小黑的名誉权，并要求李老师给小黑道歉。但李老师说："小黑尿床，不遵守学校的规定，这是坏习惯，是你们教育的问题。"

　　双方争吵起来，最终校长来了，但是校长袒护自己的老师，认为老师的行为并没有多大问题，是小黑做得不对，不应该责怪老师。

　　最终，小黑的爸爸妈妈将学校诉诸教育行政管理部门，要求学校和老师对小黑进行公开道歉。

那么李老师和学校到底是不是侵权呢？需要给小黑道歉吗？

法条连接

《中华人民共和国民法典》

⭐ 第一百零九条　自然人的人身自由、人格尊严受法律保护。

⭐ 第一百一十条　自然人享有生命权、身体权、健康权、姓名权、肖像权、名誉权、荣誉权、隐私权、婚姻自主权等权利。

法人、非法人组织享有名称权、名誉权和荣誉权。

⭐ 第一百二十条　民事权益受到侵害的，被侵权人有权请求侵权人承担侵权责任。

《中华人民共和国未成年人保护法》

⭐ 第二十七条　学校、幼儿园的教职员工应当尊重未成年人人格尊严，不得对未成年人实施体罚、变相体罚或者其他侮辱人格尊严的行为。

案例解读

每个人的人格尊严都受法律的保护，意味着没有人可以随意侵害你的人格尊严。每个人享有的一系列基本权利中就包括名誉权和隐私权。

学校和幼儿园的老师及员工必须尊重学生和幼儿的尊严，禁止使用体罚（打孩子）或者任何其他方式（羞辱）伤害孩子的自尊心。

小黑在学校的遭遇涉及对其名誉权、人格尊严和隐私权的侵害。李老师在公开场合揭露小黑的私事，不仅侵犯了小黑的隐私权，还侵害了小黑的人格尊严及小黑的名誉权。此外，李老师的行为和校长的处理方式未能体现出对未成年人人格尊严的尊重，违反了《未成年人保护法》第二十七条的规定。

根据《民法典》《未成年人保护法》的有关规定，小黑和他的爸爸妈妈要求学校和老师公开道歉是合理的。因为这不仅是对小黑受到的侵权行为的补救，还是对小黑名誉权和人格尊严的必要恢复。学校和老师的行为显然违反了上述法律的规定，应承担相应的法律责任。

艺术课的阴影

　　李慧，是一个热爱绘画的少女。她对色彩的感知异常敏锐，总能在画布上捕捉到生活的细微之处。对李慧来说，参加学校的美术课本应是一次美妙的旅程。但是最近，美术课王老师的行为让这段旅程变得不愉快，甚至阴暗。

　　王老师经常在课堂上讲黄色笑话，这让李慧感到极度不舒适。开始时，她尝试忽略这些言论，将注意力集中在艺术创作上。但随着时间的推移，情况开始恶化，王老师开始在晚上给她发送信息，李慧感到自己被困在了一个无法逃脱的噩梦中。她的内心充满了恐惧，不知道该向谁寻求帮助。

　　对李慧来说，她最爱的美术课变成了她最害怕的时刻。她开始考虑放弃学业，远离造成这些痛苦的源头。一天下午，李慧在图书馆偶遇了学校的心理咨询师张老师。张老师注意到了李慧的不安和沉默，决定主动接近她。

　　经过几次谈话，李慧终于鼓起勇气，向张老师讲述了自己的遭遇。张老师听后非常震惊，同时给予了李慧坚定的支持。她向李慧保证，学校有责任为每个学生提供安全的学习环境，她的遭遇将被认真对待。

　　在张老师的帮助下，学校立即采取了行动。学校成立了一个专门小组，负责调查并处理此类事件。经过调查，王老师因其不当行为被严厉处分，并从教师队伍中除名。学校还建立了一套全面的预防性侵害和性骚扰的工作制度，包括定期培训、匿名举报渠道等，确保学生们能在一个安全和被尊重的环境中学习和成长。

　　李慧也因此找回了绘画的快乐，以及在困难时刻勇敢站出来的力量。

法条连接

《中华人民共和国民法典》

⭐ 第一千零一十条　违背他人意愿，以言语、文字、图像、肢体行为等方式对他人实施性骚扰的，受害人有权依法请求行为人承担民事责任。

机关、企业、学校等单位应当采取合理的预防、受理投诉、调查处置等措施，防止和制止利用职权、从属关系等实施性骚扰。

《中华人民共和国未成年人保护法》

⭐ 第四十条　学校、幼儿园应当建立预防性侵害、性骚扰未成年人工作制度。对性侵害、性骚扰未成年人等违法犯罪行为，学校、幼儿园不得隐瞒，应当及时向公安机关、教育行政部门报告，并配合相关部门依法处理。

学校、幼儿园应当对未成年人开展适合其年龄的性教育，提高未成年人防范性侵害、性骚扰的自我保护意识和能力。对遭受性侵害、性骚扰的未成年人，学校、幼儿园应当及时采取相关的保护措施。

案例解读

　　《民法典》明确指出，任何形式的性骚扰行为，无论是通过言语、文字、图像还是肢体动作表现出来的，都被视为侵权行为，受害人有权要求加害人承担相应的民事责任。这一规定体现了法律对个人意愿和身体自主权的尊重，赋予了受害者寻求法律救济的权利。《民法典》还要求机关、企业、学校等单位建立有效的防范和处理机制，明确了组织在预防和制止性骚扰行为中的责任，体现了对受害者权益保护的全面考虑。

　　针对未成年人群体，《未成年人保护法》提出了更为详细的保护措施，强调学校和幼儿园不仅要建立预防性侵害和性骚扰的工作制度，还要对这些不法行为进行及时报告，并配合执法机关依法处理。通过建立明确的报告和应对机制，消除对性侵害和性骚扰事件的隐瞒和忽视，确保每一起事件都能得到妥善处理。另外，教育机构应当对未成年人进行适龄性教育，增强他们的自我保护意识和能力，从根本上减少性侵害和性骚扰事件的发生，同时为受害未成年人提供必要的保护和支持。

　　上面案例中王老师的行为已经构成了性骚扰，面对这种情况，学生应该及时告诉父母和学校，根据《民法典》《未成年人保护法》的相关规定，学校发现性侵害、性骚扰学生事件不得隐瞒，并及时向公安机关、教育行政部门报告，配合相关部门依法处理。

第三章

社会篇

社会是多元互动的舞台

当你步入社会这个广阔的舞台，将会有更多新鲜体验，学会如何在复杂的社会交往中保护自己，确保自己的权利不被侵害。

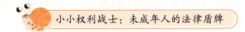

危险的萝卜刀

最近，小刘对一种名为"萝卜刀"的塑料仿刀玩具产生了浓厚兴趣，这种玩具在他的同学和朋友们中非常流行，他们经常拿着这些仿真刀具进行所谓的"刀刺游戏"。

小刘挥舞着他的萝卜刀，兴奋地说："看我这一招，'风卷残云'！"他轻巧地跳过去，做了一个剑客的姿势。

他的好友小杰也不甘示弱，举起手中的萝卜刀回应道："那你得小心我这一招，'雷霆一击'！"小杰故作认真的样子，向小刘挥刀而去。

旁边的小华笑着插话："你们两个就别吹牛了，我这个'无影脚'才是无敌的。"说着，小华做出了一个夸张的踢腿动作。

小芳也跑过来加入他们的游戏，手中拿着一个粉红色的萝卜刀，说道："我也来参加，我的'花舞剑法'也不简单哦！"

小刘的妈妈王女士每次看到孩子们玩这种游戏时，心中都充满了担忧和恐惧。她没收了小刘的5把萝卜刀。

"孩子身边不断出现这种有害的玩具，让人防不胜防，家长真是操碎了心。"王女士深有感触地说。

"萝卜刀在售卖的宣传视频中竟然演绎了用萝卜刀捅人的场景，这一行为无疑是一种心理暗示，同时在渲染暴力。"其他学生家长说道。

学生家长认为未成年人的世界观、人生观、价值观尚处于不断发展的阶段，很容易受到周围环境的影响，萝卜刀可能会在未成年人心里埋下暴力的种子。

事实上，在一些离学校不远的小卖部、文具店中就有此类商品出售，有的商家甚至会主动推销这些商品，甚至多个商家在商店入口的显眼处摆放了各种萝卜刀，宣传文案诸如"拔出我的萝卜刀，一刀制敌"等，

吸引了不少学生驻足、购买。

小学外，一名小学生掏出几块钱买了一把萝卜刀，嘻嘻哈哈地和身边同样拿着萝卜刀的同学互刺起来。"我自己有零花钱，平时经常买些小玩具和零食，市面上流行什么，在我们学校附近都能买到。"一位小学生说。现在很多中小学附近的小卖部、文具店等售卖一些诸如"萝卜刀""妈见打""美少女战士"等带有性暗示或者暴力倾向的玩具。

"孩子们总是赶潮流，对新鲜事物的掌握甚至超过了大人，这种新奇有趣的商品因而大受欢迎，孩子们对它们特别感兴趣。"一位小卖部的老板如是说。

王女士和其他学生家长很担忧，孩子们很小，对危险的把控力不强，随处可见的暴力血腥暗示以及性暗示等，会对孩子的心理和身体造成很大影响。那么，这种情况该怎么办呢？

 法条连接

《中华人民共和国未成年人保护法》

⭐ 第五十五条　生产、销售用于未成年人的食品、药品、玩具、用具和游戏游艺设备、游乐设施等，应当符合国家或者行业标准，不得危害未成年人的人身安全和身心健康。上述产品的生产者应当在显著位置标明注意事项，未标明注意事项的不得销售。

当生产和销售食品、药品、玩具、用具以及给未成年人使用的游戏设备和娱乐设施时，这些产品必须达到国家或者相关行业的标准，不能对未成年人的身体安全和心理健康造成伤害。生产这些产品的公司必须在产品的显眼位置写明需要注意的事项。如果没有标明注意事项，那么这些产品就不能销售。

打食品、玩具的擦边球，做对未成年人不良诱导的事，违反《未成年人保护法》，应受到相应的处罚。商品生产、销售方应当始终贯彻保护未成年人的原则。因此，诸如市场上的"萝卜刀""妈见打""美少女战士"等，均不得在学校周边销售，且不能对未成年人销售。销售这些产品或者利用未成年人打广告的无良商家，都应该承担法律责任。

珊珊的困扰

　　珊珊学习成绩优异，一直是学校的前三名，这在很大程度上归功于她严格的日常安排。每天放学后，她都会安排好学习、吃饭和睡觉的时间。可是最近，她遇到了一件烦心事。

　　珊珊家住在 1 楼，不久前，她家旁边新开了一家烧烤摊，一到傍晚，这个烧烤摊就变得热闹非凡，这种场景从傍晚一直持续到深夜。烧烤摊灯光闪烁，欢声笑语，还有烧烤的香味四散飘逸。对大多数人来说，这是一个愉快的聚会场所；但对珊珊来说，这成了她学习路上的一大障碍。

　　每天晚上，当珊珊坐在书桌前专心致志地学习时，外面烧烤摊的喧闹声便不断地穿过窗户透到她的耳朵里。刚开始，她试图忽略这些干扰，但渐渐地，连续不断的喧嚣声让她难以集中注意力。尤其到了周末，烧烤摊的生意更是好得不得了，人声鼎沸，甚至有时候还会有客人在她家窗户下大声谈笑。

　　最近，烧烤店又开始举办"啤酒音乐节"的活动，他们招揽了一支乐队进行演出。每天晚上，歌声、喧闹声响成一片。这些声音影响了珊珊的学习，甚至睡觉。在最近一次的学校"摸底"考试中，珊珊因为睡眠不足，加上在家没有安静的环境好好复习，成绩直线下降。

　　附近的居民也受到不同程度的影响，一位邻居说："这噪声都让人无法休息，真不知道该怎么办。"

　　另一位邻居回应："是啊，我们已经尝试过和他们沟通了，但似乎没有用。"

　　珊珊的父亲说："大家的正常生活都受到了影响。可是，又能怎么办呢？"

法条连接

《中华人民共和国民法典》

⭐ 第二百九十四条　不动产权利人不得违反国家规定弃置固体废物，排放大气污染物、水污染物、土壤污染物、噪声、光辐射、电磁辐射等有害物质。

⭐ 第一千二百二十九条　因污染环境、破坏生态造成他人损害的，侵权人应当承担侵权责任。

案例解读

根据《民法典》规定，如果因为环境污染或者生态系统破坏而受到伤害，那么造成污染或破坏的人需要承担责任，也就是说，他们需要对造成的伤害进行赔偿。房产的所有者或者使用者不能违反国家的规定，随意丢弃固体废物，或者排放对空气、水、土壤有害的污染物，包括噪声、光污染、电磁辐射等。

上面案例中的烧烤店影响了周边居民的正常作息，噪声污染和环境污染都是实际性的损害，珊珊的爸爸和邻居可以去当地的环保部门进行投诉，也可以向公安机关投诉。烧烤店应当停止侵害，并予以赔偿。

哈哈镜风波

波波今年 10 岁了，他特别喜欢爸爸妈妈带他逛超市，因为在超市入口，有一组哈哈镜。每次来超市，波波都会在哈哈镜前照个不停，有的镜子里自己有个大长脖子，有的镜子里自己有个大肚子。每次波波都在镜子前笑个不停。

因为爸爸妈妈工作忙，不能经常带着波波逛超市。周末，波波和同学小明一起去超市。两人在哈哈镜前打闹，不小心把一面镜子打翻了，镜子砸在了他们身上。

商场的工作人员拨打了救护车电话，将波波和小明送进了医院，经医生检查，波波右腿骨折，需要住院治疗。小明情况好一些，包扎了一下就出院了。

事后，波波和小明的家长一同去了超市，发现超市入口处有保安巡逻。查看了商场的监控，当时保安就在哈哈镜的旁边，事发时没有一个人劝阻波波和小明在镜子前打闹的不当行为，而且哈哈镜附近没有防护措施，很容易就碰倒，超市应该承担赔偿责任。

超市的负责人表示，这是波波和小明贪玩造成的，家长没有跟着，是家长的疏忽，商场不应该承担责任。

双方都认为是对方的责任，都不让步。

法条连接

《中华人民共和国民法典》

⭐ 第一千一百九十八条　宾馆、商场、银行、车站、机场、体育场馆、娱乐场所等经营场所、公共场所的经营者、管理者或者群众性活动的组织者，未尽到安全保障义务，造成他人损害的，应当承担侵权责任。

⭐ 第二十六条 父母对未成年子女负有抚养、教育和保护的义务。

成年子女对父母负有赡养、扶助和保护的义务。

⭐ 第三十四条 监护人的职责是代理被监护人实施民事法律行为，保护被监护人的人身权利、财产权利以及其他合法权益等。

监护人依法履行监护职责产生的权利，受法律保护。

监护人不履行监护职责或者侵害被监护人合法权益的，应当承担法律责任。

因发生突发事件等紧急情况，监护人暂时无法履行监护职责，被监护人的生活处于无人照料状态的，被监护人住所地的居民委员会、村民委员会或者民政部门应当为被监护人安排必要的临时生活照料措施。

案例解读

根据《民法典》的规定，公共场所的管理者或者公共活动的组织者有义务保护客户、商家等人员的安全，如果因为安全工作不到位导致他人受到伤害或者损失，商家要承担赔偿责任。同时，父母或者其他监护

人有义务教育和保护自己的孩子。如果监护人没有尽到自己的职责，或者做了伤害被监护人的事情，他们需要负相关的法律责任。

上面案例中，超市作为公共场所，未尽到保障义务，安保人员没有做到及时提醒，且哈哈镜周边没有防护措施，因此商场负有主要责任。波波和小明的父母，是孩子的监护人，应当对其进行看护，孩子自己出去玩，父母没有尽到义务，因此也负有责任。

在生活中，未成年人，尤其是那些没有民事行为能力的未成年人，安全防范意识较差，没有能力保护自己的人身安全，所以在公共场所受到人身伤害的情况时有发生，家长和公共场所的管理者都应对此足够重视。

"少儿不宜"的儿歌

　　放学后，几个小朋友在社区的广场玩，小明手里拿着一个崭新的点读机，这是妈妈送给他的生日礼物，今天他迫不及待地拿出来跟小朋友一起分享。

　　"张强、李娜，来听听我找到的新儿歌吧？"小明满脸笑容地说着。孩子们都围了过来，充满了好奇和期待，孩子们的爸爸妈妈也在旁边微笑着，准备分赏孩子们的喜悦。

　　随着点读机的启动，愉快的旋律响起，但很快，这份愉快转为尴尬。儿歌《一二三四五》的歌词令人哭笑不得："一二三四五，上山打老虎，老虎不在家，就去找它妈。它妈想打架，就赏它妈两个大嘴巴……"孩子们虽然在打闹，但是家长们的脸色变得十分尴尬，小明的妈妈张女士急忙按下了停止键。

　　"怎么会有这种儿歌？简直就是教坏孩子的毒儿歌，应该下架。"

　　"蹦蹦邦邦邦，砰砰噗噗噗，抬起小屁股，准备发射，我们是放屁家族……"

　　点读机里还有一首好爸爸坏爸爸的儿歌："我有一个好爸爸，哪个爸爸不骂人，哪个孩子不挨骂，打是亲来骂是爱……"这首歌似乎在传递着一种扭曲的亲子关系。

　　"孩子们还小，我觉得这种歌词会让他们形成错误的亲子观念和人际观念。如果他们之后也觉得打骂是感情好的一种表现方式，怎么办？"小明的妈妈说。

　　像这种点读机，随处可见，家长是防不胜防。现在儿歌趋于"成人化"让家长十分担忧，本是给孩子听的儿歌为何成了"少儿不宜"？

法条连接

《中华人民共和国未成年人保护法》

⭐ 第五十条　禁止制作、复制、出版、发布、传播含有宣扬淫秽、色情、暴力、邪教、迷信、赌博、引诱自杀、恐怖主义、分裂主义、极端主义等危害未成年人身心健康内容的图书、报刊、电影、广播电视节目、舞台艺术作品、音像制品、电子出版物和网络信息等。

⭐ 第五十一条　任何组织或者个人出版、发布、传播的图书、报刊、电影、广播电视节目、舞台艺术作品、音像制品、电子出版物或者网络信息，包含可能影响未成年人身心健康内容的，应当以显著方式作出提示。

案例解读

《未成年人保护法》第五十条、第五十一条的意图很明确：保障儿童和青少年在一个安全、健康的环境中成长，避免他们接触到可能损害他们身心健康的信息。因此，无论是书籍、电影、在线视频还是儿歌等任何媒介内容，都不应包含暴力、不当行为或其他可能误导未成年人认知和行为的元素。家长和监护人应当选择适宜的内容供儿童学习，同时，相关组织和个人在制作和发布内容时，必须遵守法律规定，确保内容健康、适宜，不损害未成年人的身心健康。

上面案例中的儿歌，有很多不恰当的内容，这些内容会对未成年人产生误导和负面的影响，违反了《未成年人保护法》中的相关规定。对于违法制作和肆意传播"毒"儿歌的人员、厂家，相关部门应当坚持快速响应、依法打击和协同治理的原则，进行处理。

无证驾驶的"熊孩子"

　　李小江今年 15 岁，很喜欢做刺激和有挑战的事，家里有一辆旧摩托车，已经有些年头了，牌照也因各种原因未能上。骑这辆摩托车成了李小江的心愿。一天，趁家人不在家，他坐上了这辆摩托车，决定体验一次成年人的快乐。

　　路上，阳光斜照，街道两旁树影婆娑。李小江的心情随着速度的提升而飞扬。一个不经意的瞬间他转过街角，突然撞到了骑自行车的冯小海。小海被撞倒在地，膝盖擦伤，疼痛让他皱起了眉头。

　　李小江瞬间慌了手脚，他环顾四周，发现没有人注意到这起事故。倒地的小海也没有看到他，在冲动和恐惧的驱使下，他选择了逃离现场。

　　回到家，李小江的心还在怦怦直跳，他的父亲从厨房走出来，看着儿子焦急的模样，便问："小江，你这是怎么了？"小江低下头，沉默了。

　　小江的爸爸察觉到事情的异常，语气严肃却充满关怀地问："小江，如果有什么事情，你可以告诉我。无论发生了什么，我们都可以一起面对。"

　　李小江终于忍不住，将发生的一切都告诉了爸爸。他的声音微弱，夹杂着后悔和恐惧："我……我偷偷骑了咱们家那辆旧摩托车，然后不小心撞到了一个人。我……我害怕，就……就跑了。"

　　爸爸听后沉默了一会儿，然后深吸一口气，说道："小江，你犯了一个严重的错误。逃避不仅不能解决问题，还会让情况变得更糟。我们现在必须做的，是承担责任。"

　　爸爸带着小江去了派出所，主动报告了事故的经过，并联系了冯小海的家人，承诺会负责所有的医疗费用。在这个过程中，李小江深刻意识到了自己的错误，也学会了如何勇敢地面对错误，承担责任。

李小江来到医院看望小海，对小海说："对不起，是我做错了，我会承担所有责任，希望你能原谅我。"而冯小海虽然受了伤，但接受了小江的道歉，两家人最终达成了和解。

法条连接

《中华人民共和国道路交通安全法》

⭐ 第十九条 驾驶机动车，应当依法取得机动车驾驶证。

《中华人民共和国道路交通安全法实施条例》

⭐ 第七十二条 在道路上驾驶自行车、三轮车、电动自行车、残疾人机动轮椅车应当遵守下列规定：

（一）驾驶自行车、三轮车必须年满12周岁；

（二）驾驶电动自行车和残疾人机动轮椅车必须年满16周岁；

…………

《中华人民共和国民法典》

⭐ 第一千一百八十八条 无民事行为能力人、限制民事行为能力人造成他人损害的，由监护人承担侵权责任。监护人尽到监护职责的，可以减轻其侵权责任。

有财产的无民事行为能力人、限制民事行为能力人造成他人损害的，从本人财产中支付赔偿费用；不足部分，由监护人赔偿。

案例解读

所有驾驶机动车的人员都要经过专业的培训和考核，掌握必要的交通规则。驾驶自行车、三轮车的最低年龄限制为 12 周岁，驾驶电动自行车和残疾人机动轮椅车的最低年龄限制为 16 周岁。这一规定考虑到了年龄与驾驶能力、风险认知和责任意识之间的关系。

李小江作为一名未满 16 周岁的少年，驾驶无牌照摩托车本身就违反了法律规定。交通安全事关孩子的一生，同时维系着家庭的幸福。家长作为监护人，要深刻认识到孩子驾驶电动自行车、机动车存在的风险和隐患，切莫放任不管，或心存侥幸，不仅违法违规，还害人害己。

上面案例中，李小江的行为导致了交通事故，作为李小江的法定监护人，其父亲需要对小江的行为承担相应的法律责任。家长应当明白，作为未成年人的监护人，有责任加强对未成年人的教育和监督，增强他们的安全意识，遵守交通法规，预防交通事故发生。

偷懒闯大祸

张强的爸爸妈妈共同经营着一家修车店，家庭条件优渥，但繁忙的工作让他们难以有足够的时间陪伴张强。每天放学后，张强回到家中，总是一个人面对空旷的房间。

一天放学后，张强像往常一样走进家门。他无聊地扔下书包，拿起妈妈留在桌上的手机，点了外卖。

饭菜很快送到，他独自吃完，随手将垃圾放在一旁，然后打开电视，沉浸在电视的世界中。电视正播放着他最喜欢的一部科幻剧，情节紧张刺激，让张强完全忘记了周围的世界。突然，他瞥见一旁的外卖垃圾，意识到应该丢掉它们。但他此刻不愿意错过剧中的任何情节，心生一计："楼层这么低，直接从窗户扔下去就好了。"

张强没有多想就打开窗户，将垃圾袋一抛，转身继续沉浸在剧情中。然而，这一行为的后果是他万万没有预料到的。楼下正巧有一个正在玩耍的小男孩，小男孩突然感到头顶一痛，接着一团乱糟糟的垃圾覆盖在他的头和肩上。孩子的哭声和周围人的叫嚷声立刻打破了小区的宁静。

小男孩的母亲急忙抱起孩子，焦急地检查伤势，同时愤怒地朝四周呼喊："是哪家的人这么没公德心，往楼下丢东西！"

张强听到下面的动静，心中顿时充满了恐慌和后悔。他突然意识到应该是自己的鲁莽行为造成的。他赶忙拿起电话，双手颤抖着给妈妈打了电话，语无伦次地讲述了事情的经过。

妈妈接到电话，立刻放下手头的工作，匆匆赶回家。面对妈妈，张强低下了头，内心充满了羞愧和不安，妈妈的眼神中充满了失望。

"小强，我们必须为自己的错误负责。"妈妈语重心长地说。她带着张强来到受伤男孩家中，诚恳地道歉，并承诺会负责任地解决所有问题。

道歉后，妈妈又带着张强回到事发地点，一起将散落一地的垃圾清理干净。在清理垃圾的过程中，张强感到羞耻和自责。他的内心充满了复杂的情绪：后悔自己的偷懒和鲁莽，同时意识到了自己行为的严重后果。

回家的路上，妈妈并没有严厉地责骂他，而是通过这个事情教育他："小强，今天的事情给了你一个重要的教训。偷懒的后果可能远比你想象的要严重。我们每个人的行为都会对周围的人产生影响。你必须学会对自己的行为负责。"

张强低头沉思，他明白了妈妈的话。这次经历对他来说，是一个成长的转折点。他知道，以后无论遇到什么情况，都不能再因为偷懒而忽视对他人的影响。从那以后，张强变得更加成熟和负责，更加珍惜与人的关系，学会了从错误中成长。

法条连接

《中华人民共和国民法典》

⭐ 第一千二百五十四条 禁止从建筑物中抛掷物品。从建筑物中抛掷物品或者从建筑物上坠落的物品造成他人损害的，由侵权人依法承担侵权责任；经调查难以确定具体侵权人的，除能够证明自己不是侵权人的外，由可能加害的建筑物使用人给予补偿。可能加害的建筑物使用人补偿后，有权向侵权人追偿。

物业服务企业等建筑物管理人应当采取必要的安全保障

措施防止前款规定情形的发生；未采取必要的安全保障措施的，应当依法承担未履行安全保障义务的侵权责任。

发生本条第一款规定的情形的，公安等机关应当依法及时调查，查清责任人。

《中华人民共和国刑法》

⭐ 第二百九十一条之二　从建筑物或者其他高空抛掷物品，情节严重的，处一年以下有期徒刑、拘役或者管制，并处或者单处罚金。

有前款行为，同时构成其他犯罪的，依照处罚较重的规定定罪处罚。

案例解读

《民法典》规定，任何人禁止从建筑物或其他高空抛掷物品，造成他人损害的，侵权人应依法承担侵权责任。当具体侵权人难以确定时，可能的加害者的建筑物使用人应给予受害者补偿，并保留向实际侵权人追偿的权利。物业等建筑物管理人有义务采取必要措施预防此类事件发生，如未尽到管理责任，则应承担相应的法律责任。情节严重的，可构成高空抛物罪，应当负刑事责任。

上面案例中小强的行为属于主观性的高空抛物，虽然没有造成严重后果，且取得了被害人的原谅，但是依然要吸取教训，认识到高空抛物的危险性。

彩票店的诱惑

　　小洪经常找爸爸妈妈要零花钱，爸爸妈妈以为他想买零食，就没有在意，但最近，小洪要零花钱的次数频繁起来。爸爸觉得有些不对劲，决定暗中观察一下小洪的花钱去向。

　　一天下午，爸爸提前到学校门口等，恰好听到小洪和他的朋友小明约定："一会儿，咱们老地方见。"出于好奇，爸爸问小洪："你们一会儿要去哪儿？"

　　小洪略显犹豫，最终回答说："就是去买零食的地方。"爸爸心想，可能只是孩子们的小秘密，但还是决定跟随他们一探究竟。

　　当他们到达那个所谓的"买零食的地方"，小洪的爸爸惊讶地发现，那里竟是一家彩票店。店里除了彩票，还有各式各样的小零食，甚至摆放着一些单支的香烟。小洪和小明像往常一样走进了店里，挑选着自己喜欢的零食。

　　在彩票店，除了小洪和小明，还有其他几名学生分散在店内不同角落，他们有的专注地刮着彩票，试图寻找那微小的可能中奖的可能；一些年纪稍大的学生则在向店主购买单支的香烟。店内充满了各种声音，小学生们的笑声，彩票被刮开的喜悦声，以及交谈的细语，这些构成了一种复杂的音景。

　　小洪的爸爸站在店外，透过半开的门观察着这一切，心中充满了忧虑。他没有想到，孩子们竟然会在这样不适合他们的环境中度过他们的课余时间。爸爸意识到，这不仅是关于零花钱的问题，更是关于孩子们成长环境和价值观的问题。

　　回家后，爸爸决定与小洪进行一次深入的谈话。他没有直接指责小洪，而是询问他在彩票店的感受，小洪告诉爸爸："第一次去彩票店，我们感觉很好奇。"小洪表示，也刮过彩票，但是没有中奖。

爸爸说："好奇是每个人的天性，这很自然。不过，关键在于我们怎样处理这种好奇心。彩票和其他类似的东西，并不适合小朋友。你知道为什么吗？"

小洪说："因为它们可能会让人上瘾，对吗？"

爸爸说："对，你们还小，自制力不够强，面对诱惑时很难把握，所以一定要远离它们。"

通过这次对话，小洪学会了如何面对诱惑，以及如何用正确的态度处理好奇心。

法条连接

《中华人民共和国未成年人保护法》

⭐ 第五十九条　学校、幼儿园周边不得设置烟、酒、彩票销售网点。禁止向未成年人销售烟、酒、彩票或者兑付彩票奖金。烟、酒和彩票经营者应当在显著位置设置不向未成年人销售烟、酒或者彩票的标志；对难以判明是否是未成年人的，应当要求其出示身份证件。

任何人不得在学校、幼儿园和其他未成年人集中活动的公共场所吸烟、饮酒。

案例解读

　　商家不能向未成年人出售彩票或兑现彩票奖金，以防止他们接触、使用这些物品。商家有责任验证顾客的年龄，确保其销售行为符合法律规定。对难以直接判断年龄的情况，商家应要求顾客出示有效身份证件以验证年龄。商家还应在显著位置设置不向未成年人销售彩票的标志，以履行其法定责任。

　　上述案例中的彩票店，违反了不向未成年人销售彩票的法律规定，为未成年人参与不适宜的活动提供了机会。这不仅影响未成年人的健康成长，还对社会的道德和法律秩序构成了挑战。

　　监护人应对未成年人的行为保持警觉，及时发现并纠正可能导致不良后果的行为。社会各界应共同努力，为未成年人营造一个健康、安全的成长环境，包括但不限于监督和规范商家行为，确保他们遵守法律规定，不向未成年人销售或提供不适宜的商品和服务。

该不该给感谢费？

周末，小海和他妈妈去看最新上映的电影。他们对这部电影期待已久，终于可以共享这段美好时光。但可能因为周末，交通异常拥堵，到电影院的时候，电影已经开场了，两人赶紧跑进影厅。电影精彩绝伦，让人完全沉浸其中。当影片结束后，小海和他妈妈回到停车场，准备开车回家时，发现车钥匙不见了。

回想整个下午的行程，小海的妈妈想起在急匆匆进电影院前，她顺手将垃圾扔进了一个垃圾桶，钥匙很可能也一并被丢弃了。他们急忙赶往物业管理处，希望能找到清理垃圾的工作人员。

物业人员通过监控记录，很快锁定了当班的清洁员——李阿姨。在物业的协助下，他们找到了李阿姨——一位和蔼可亲的中年女士，她正在休息室里小憩。小海的妈妈向李阿姨说明了来意，李阿姨听后，微笑着点了点头，说她确实在一袋看似只有垃圾的袋子里发现了一串钥匙，觉得可能是有人不小心丢的，便保管了起来。

然而，在李阿姨递过钥匙的那一刻，气氛突然变得有些尴尬。李阿姨迟疑了一下，轻声说道："补一把钥匙，不便宜吧。"

小明的妈妈略感意外，心中不禁有些纠结。她轻轻回应道："是的，如果要重新配一把钥匙，确实需要一些费用。"

李阿姨点了点头，接着说："我这么大岁数了，每天还得清理这么多垃圾，挺不容易的。您说，这么一来一回找钥匙，我也挺费心的，我也不多要，你给我 200 元感谢费就行了。"

小明的妈妈听出了李阿姨的意思，她理解李阿姨的辛苦，但同时感受到了一丝无奈。但还是从钱包中拿出来了 200 元，递给李阿姨，说道："感谢您的帮助。"

回到车上，小明问妈妈："老师说，捡到东西就要想办法还给失主，不应该要任何回报。"

妈妈说："是的，小明，李阿姨这种做法是不正确的，但是她也很辛苦，我们给她一些感谢费也是可以的。"

小明心里想：如果我捡到东西，到底应该不应该要感谢费呢？

 **法条连接**

《中华人民共和国民法典》

⭐ 第三百一十四条 拾得遗失物，应当返还权利人。拾得人应当及时通知权利人领取，或者送交公安等有关部门。

⭐ 第三百一十七条 权利人领取遗失物时，应当向拾得人或者有关部门支付保管遗失物等支出的必要费用。

权利人悬赏寻找遗失物的，领取遗失物时应当按照承诺履行义务。

拾得人侵占遗失物的，无权请求保管遗失物等支出的费用，也无权请求权利人按照承诺履行义务。

⭐ 第九百八十五条 得利人没有法律根据取得不当利益的，受损失的人可以请求得利人返还取得的利益，但是有下列情形之一的除外：

（一）为履行道德义务进行的给付；

（二）债务到期之前的清偿；

（三）明知无给付义务而进行的债务清偿。

案例解读

捡拾遗失物应当归还失主。如果试图侵占，向权利人索要感谢费，权利人不需要给付。因为感谢费不属于保管支出的费用，也不是失主悬赏的承诺金。

上面的案例中，小明和妈妈完全可以不支付感谢费并索要车钥匙。李阿姨作为电影院的工作人员，有归还失主遗失物的义务，如果拒不归还，违反法律规定。虽然是她捡到的，但是钥匙属于遗失物，且小明的妈妈并没有发布悬赏通知，因此，李阿姨索要感谢费是不合法的。

"网约房"的另一面

　　李伟今年 17 岁了，高中毕业后，没有再继续上学。爸爸妈妈工作很忙，没有时间管他。李伟酷爱冒险，自从辍学在家后，他的生活像是被按下了暂停键，每一天都在重复着无聊与空虚。一天晚上，李伟在路上闲逛的时候，听到一群自称"潮人"的谈话。

　　"听说了没，前面的旅馆，不用身份证，也没有房东。"

　　"真的吗，咱们去看看。"

　　李伟这么大了，还没有住过旅馆，于是跟着这几个"潮人"走过去。

　　很快，李伟和他们打成一片，这群人喜欢聚在一起，谈论边缘的生活方式和刺激的新体验。他们告诉李伟，有一种方式可以让人瞬间忘掉烦恼，那就是吸食"上头电子烟"。起初，李伟犹豫不决，但在好奇心和群体压力的双重作用下，他最终同意了他们的提议。

　　那晚，他们选择了一间隐秘的"网约房"作为聚会地点。这里确实不需要身份证登记，也不需要人脸识别，完美地满足了他们对隐私和自由的渴望。一进房间，李伟就被眼前的场景震撼了。房间里散落着各种电子设备和生活用品，甚至还有一间小厨房。这里的一切，都透露着这不仅是一个过夜的地方，更像一个远离世俗的秘密基地。

　　这间房间不仅提供洗衣机等设备，还有水池、操作台等可供顾客做饭，因此便于顾客长期住宿于此。直至退房，该店的店家从未露面，电话也从未打通过。

　　直到有一天，当地警方在打击毒品的行动中，发现了这间"网约房"。他们迅速采取行动，将这个作为毒品交易和吸食地点的"网约房"查封。在这间"网约房"里聚会的孩子们，被警方送回了家。涉事的"网约房"老板因非法接待未成年人受到了法律制裁。

法条连接

《中华人民共和国未成年人保护法》

⭐ 第五十七条 旅馆、宾馆、酒店等住宿经营者接待未成年人入住，或者接待未成年人和成年人共同入住时，应当询问父母或者其他监护人的联系方式、入住人员的身份关系等有关情况；发现有违法犯罪嫌疑的，应当立即向公安机关报告，并及时联系未成年人的父母或者其他监护人。

案例解读

"网约房"并不可以逃避法律责任，同样需要对入住者进行查验登记；不允许单独接待未成年人入住；不允许顾客在酒店从事违法犯罪活动，遇到有类似活动，应当立即向公安机关报告。

网约房以其便利性、私密性和经济性吸引了众多用户，特别是年轻群体。但是网约房容易被用作违法犯罪活动的场所，对社会治安构成威胁。"三无"（无须提供身份证、无须人脸识别、入住无须登记任何信息）的运营模式，对个人安全乃至公共安全都是一种隐患。

被"虐待"的小芳

老计是一个30岁的男人，生活散漫，没有固定的职业，经常在社区里闲逛，对周围的事情漫不经心。小芳是一个13岁的少女，以她的年龄来说，正处于人生的花季，她有着明亮的眼睛和一头乌黑的长发，每天背着书包去学校，对未来充满了憧憬。看似没有交集的两个人，却出现了交集……

一天傍晚，小芳像往常一样穿过小路去上学。老计偶然看到了她，一个邪恶的念头在他的心中萌芽。

老计在小路上拦住小芳，带着一副和善的面孔说："小朋友，你好呀，放学了吗？我这有一些漫画书，是免费的，你要领一套吗？"

小芳有些犹豫，但出于尊重，加上对漫画书的好奇，回答说："我急着去上学，会很久吗？"

老计又说："放心，只要几分钟，我还有些零食和可乐，你可以明天带到学校和你的朋友一起分享怎么样，这样的好事不常有哦。"

小芳禁不住诱惑同意了，跟着老计去了他家里。

回家后，小芳显得异常沉默，身上也有明显的伤痕。她的妈妈注意到这一切，心急如焚地问道："小芳，你怎么了？身上这些是怎么回事？"

小芳低头不语，沉默了一会儿，眼眶开始泛红。她的爸爸也走过来，柔声说："芳芳，如果你不说出来，我们无法帮助你。无论发生了什么，我们都会站在你这边。"

过了一段时间，小芳终于哽咽着说出了那天的事情："我……我以为只是给我漫画书……但是……但是他……"小芳没能继续说下去，但已经足够让她的父母明白发生了什么。

她的妈妈紧紧抱住她，眼中充满了愤怒和悲伤："宝贝，这不是你的错，我们会用法律的方法让那个人付出代价。现在最重要的是，你要知道我们爱你，我们会保护你。"

小芳的爸爸和妈妈报了警，等待老计的将是法律的严惩。

 **法条连接**

《中华人民共和国民法典》

⭐ 第一百九十一条　未成年人遭受性侵害的损害赔偿请求权的诉讼时效期间，自受害人年满十八周岁之日起计算。

《中华人民共和国未成年人保护法》

⭐ 第二十条　未成年人的父母或者其他监护人发现未成年人身心健康受到侵害、疑似受到侵害或者其他合法权益受到侵犯的，应当及时了解情况并采取保护措施；情况严重的，应当立即向公安、民政、教育等部门报告。

⭐ 第五十四条　禁止拐卖、绑架、虐待、非法收养未成年人，禁止对未成年人实施性侵害、性骚扰。

禁止胁迫、引诱、教唆未成年人参加黑社会性质组织或者从事违法犯罪活动。

禁止胁迫、诱骗、利用未成年人乞讨。

《中华人民共和国刑法》

⭐ 第二百三十六条　以暴力、胁迫或者其他手段强奸妇

女的，处三年以上十年以下有期徒刑。

奸淫不满十四周岁的幼女的，以强奸论，从重处罚。

强奸妇女、奸淫幼女，有下列情形之一的，处十年以上有期徒刑、无期徒刑或者死刑：

（一）强奸妇女、奸淫幼女情节恶劣的；

（二）强奸妇女、奸淫幼女多人的；

（三）在公共场所当众强奸妇女、奸淫幼女的；

（四）二人以上轮奸的；

（五）奸淫不满十周岁的幼女或者造成幼女伤害的；

（六）致使被害人重伤、死亡或者造成其他严重后果的。

⭐ 第二百三十七条　以暴力、胁迫或者其他方法强制猥亵他人或者侮辱妇女的，处五年以下有期徒刑或者拘役。

聚众或者在公共场所当众犯前款罪的，或者有其他恶劣情节的，处五年以上有期徒刑。

猥亵儿童的，处五年以下有期徒刑；有下列情形之一的，处五年以上有期徒刑：

（一）猥亵儿童多人或者多次的；

（二）聚众猥亵儿童的，或者在公共场所当众猥亵儿童，情节恶劣的；

（三）造成儿童伤害或者其他严重后果的；

（四）猥亵手段恶劣或者有其他恶劣情节的。

案例解读

保障未成年人的健康成长是社会各界的重要职责，未成年人既是国家的未来，也是民族的希望。社会必须联合起来，对所有危害未成年人福祉的行为采取严厉措施，确保未成年人获得更加全面的保护。各方面对未成年人安全与健康的重视，对促进未成年人在一个安全、和谐、健康的环境中成长至关重要。

特定的伤害案例不仅对受害未成年人的身心造成深刻伤害，也反映了社会存在的问题。《未成年人保护法》明确规定，侵害未成年人权益的行为应当受到社会的普遍抵制，任何组织和个人都有权进行劝阻、检举或控告。爸爸妈妈对未成年子女应该格外关注，加强对他们的安全教育，当受到不法侵害时，及时报案，采取恰当的方式解决。《未成年人保护法》《民法典》《中华人民共和国刑法》构建了未成年人权益保护体系，为侵犯未成年人权益的行为提供了法律依据以实施处罚，旨在对侵犯者予以法律制裁。

第四章

网络篇

→ 网络是连接世界的桥梁

在这片虚拟的世界里，你将学会
如何保护自己不受侵犯，确保每一次
在线探索都是安全和充满乐趣的。

新奇的"电子烟"

每个周末，小红都会去小明家里玩电脑，因为小明的爸爸妈妈很忙，周末不在家，所以他们两个玩得很开心。有一天，他们两个在浏览网页时，偶然看到"奶茶杯""可乐罐"等形状新奇的电子烟。

小明立刻对小红说："看，这个电子烟设计得好像真的可乐罐，还有冰爽荔枝味，听起来很酷啊！"

小红好奇地回应："真的吗？我想尝试一下。你知道怎么买吗？"小明说："广告里说了，直接私信他们就可以了。我听说现在电子烟特别流行，很多人都在买。"

说着小明拿起手机，点开了社交媒体上的广告，开始和卖家进行私信沟通。"您好，请问如何购买那款冰爽荔枝味的可乐罐电子烟？"他问。

很快，卖家回复："非常简单，提供您的邮寄地址和支付方式即可。我们会在 24 小时内发货。"

小明转头对小红说："看，很方便，我现在就下单。"

交易完成后，小明和小红满怀期待地等待着他们的电子烟。几天后，他们收到了包裹。

小红兴奋地撕开包装："快看，它的外形真像可乐罐，好可爱！"

小明也忍不住赞叹："是啊，而且手感很好。我们来试试看。"

小明先尝试了一口，深深地吸了一口冰爽荔枝味的烟雾。然而，不一会儿，他就觉得头有点儿晕。

当爸爸回到家，看到小明和小红手里拿着电子烟，脸上的表情有些不适，他立即担忧起来。

爸爸问道："这是什么？你们怎么了？"

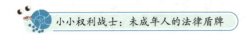

小明有些尴尬地回答："这是我们在网上买的电子烟，我们想尝试一下。"

爸爸皱着眉头，严肃地说："电子烟？你们知不知道这对身体有害，尤其是对你们未成年人。法律都明确禁止向未成年人售卖烟草产品，包括电子烟。"

小红低下了头，声音低沉："叔叔，我们知道错了，我们只是觉得它的外形新奇，想尝试一下。"

爸爸继续说道："你们应该学会保护自己，不被这些有害的东西诱惑。以后遇到这类事情，要先和家长沟通，了解清楚再做决定。"

小明点点头："爸爸，我们以后会小心的，不会再这样随便购买东西了。"

法条连接

《中华人民共和国未成年人保护法》

⭐ 第十七条　未成年人的父母或者其他监护人不得实施下列行为：

....

（四）放任、唆使未成年人吸烟（含电子烟，下同）、饮酒、赌博、流浪乞讨或者欺凌他人；

....

⭐ 第七十一条　未成年人的父母或者其他监护人应当提

高网络素养，规范自身使用网络的行为，加强对未成年人使用网络行为的引导和监督。

未成年人的父母或者其他监护人应当通过在智能终端产品上安装未成年人网络保护软件、选择适合未成年人的服务模式和管理功能等方式，避免未成年人接触危害或者可能影响其身心健康的网络信息，合理安排未成年人使用网络的时间，有效预防未成年人沉迷网络。

《电子烟强制性国家标准》《电子烟管理办法》等也明令禁止销售除烟草口味以外的调味电子烟。

案例解读

网络上充斥着各种各样的信息，作为未成年人的监护人，应当在电脑上安装一些软件，避免未成年人接触到一些影响他们身心健康的信息。《电子烟管理办法》等相关规定，对电子烟的销售、广告和使用进行了严格限制，特别是禁止向未成年人销售电子烟，以及禁止调味电子烟，旨在减少电子烟对公众特别是未成年人的吸引力，从而保护未成年人免受电子烟的危害。上面案例中电子烟的商家在没有确定购买者是否为成年人的情况下，就销售电子烟，是违法行为。电子烟生产商生产除烟草口味之外的调味电子烟，也违反了相关的条例规定。

未成年人缺乏足够的自制力，容易受到新奇电子烟产品广告的诱惑，监护人应当及时干预和指导，保障未成年人的身心健康。

戒不掉的网瘾

龙龙是人们眼中的"不良少年"，经常打架，喜欢飙车，参加不良社会团伙。

　　龙龙的爸爸妈妈工作很忙，暑假期间，他们担心龙龙在外面惹是生非，就把他反锁在家里。他们原以为这样会激怒龙龙，又像以前那样把能砸的东西都砸了，但龙龙的反应出乎意料。

　　被困在家中，龙龙的目光被电脑上闪烁的屏幕吸引了。很快，他发现了一个全新的世界——一个由电子游戏构成的网络世界。在这个世界里，他迷恋上了一款枪战类游戏。在游戏中，他可以化身一个无所不能的英雄，每击败一个对手，他的等级就会上升，他的队友和其他玩家则会为他的胜利喝彩。在这个虚拟的战场中，龙龙找到了另一个自己——一个既勇敢又受人尊敬的自己。

　　随着时间的推移，龙龙在游戏中遇到了几位队友。他们之间的交流，开始局限于游戏策略和指令。

　　"龙龙，快点，敌人在你左边！"一个队友在关键时刻紧张地喊道。

　　"收到！"龙龙迅速反应，准确无误地击中了目标。"目标已清除。"

　　"太棒了，龙龙！你真是我们的英雄。"另一个队友赞扬道。

　　"你知道吗，龙龙，虽然我们只是在游戏中相遇，但我很高兴认识你。"一位队友在某次激烈战斗后的休息时间，真挚地说。

　　"我也是，"龙龙回应，感受到了久违的归属感，"在这里，我感觉我能做我自己，而且，我还有你们这样的朋友。"

　　游戏成了龙龙的避风港。每次登录，都仿佛穿上了一层护甲，让他忘却了现实生活的孤独和不被理解。

　　就这样，龙龙沉迷于游戏不能自拔，每次爸爸妈妈来跟他说话时，

他都格外不耐烦，除了吃饭，从来不走出自己的屋子。在饭桌上，他也从来不说话。仿佛，只有那个虚拟的世界，只有在那里，他才能找到他自己。

法条连接

《未成年人网络保护条例》

⭐ 第五条　学校、家庭应当教育引导未成年人参加有益身心健康的活动，科学、文明、安全、合理使用网络，预防和干预未成年人沉迷网络。

⭐ 第十七条　未成年人的监护人应当加强家庭家教家风建设，提高自身网络素养，规范自身使用网络的行为，加强对未成年人使用网络行为的教育、示范、引导和监督。

案例解读

案例中的龙龙代表了一些现实生活中的未成年人。在现实生活中遇到挫折或不被理解时，他们通常会在网络世界发泄自己。但是如果缺乏正确的引导，会沉迷网络不能自拔。父母应当教育他们健康地使用网络，参与有益身心健康的活动。而案例中龙龙的父母因为工作忙忽视了对龙龙的监督和引导，导致他沉迷网络。

解决未成年人的网络沉迷问题，不仅需要严格执行相关法律条文，还需要家庭、学校和整个社会的共同努力，包括提供更多有益身心健康的活动选项，提升家长和教育者的网络素养，建立有效的沟通渠道，从而创建一个具有包容性、支持性的环境，让未成年人感受到他们在现实生活中同样可以被理解和被尊重。

消失的 5 万元

曼曼今年 14 岁，爸爸在外地做生意，妈妈在家照顾她和姐姐，姐姐今年要参加高考，妈妈对姐姐格外关心，因此可能对曼曼的关心少了一些。

之前，曼曼总是感觉很孤独，但是，最近她在直播平台找到了情感寄托。

曼曼迷上了一个策略养成类的网络游戏，"平时上网时经常有一些弹窗，包括跟同学们也会聊一些直播的新鲜事"。"姐姐今年要高考，妈妈陪我的时间就少了，我就在网上找朋友聊天。"

原来，曼曼最近迷上了直播，她在学校不开心的事儿，都可以跟直播的小姐姐们聊，她们会给她出主意找面子。"她们都挺关心我的，"曼曼说，"我要是几天没来，她们都说很想我。"

与这些主播的互动增多，她逐渐了解到，通过送出虚拟礼物，可以与主播建立更紧密的联系。最初，主播说如果真喜欢她们，可以送花或者送一些小礼物，都是不用花钱的，也不让曼曼送花钱的礼物。

曼曼放下了防备，后来开始送钻石、水晶，几毛钱、几块钱的事儿，再后来，直播间的主播就开始找曼曼要"飞机""火车""摩天轮"等礼物，一次一二百。送了礼物之后，主播就叫曼曼真朋友，说有什么事都可以找她们帮忙。

曼曼的自尊心得到了满足，有一次，一连刷了5000多元的礼物，曼曼说："我成了榜一，进出直播间都会播报。我从来没有被这样重视过，之后我只要进直播间，就要当第一。"

半年的时间，妈妈手机里的 5 万元存款，都被曼曼当礼物送出去了。这还是妈妈有天去超市购物，因为支付时余额不足，才发现的。

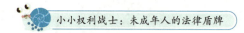

妈妈说："要不是我疏忽了对曼曼的关心，也不会出现这么大的问题。"

法条连接

《中华人民共和国民法典》

⭐ 第十九条　八周岁以上的未成年人为限制民事行为能力人，实施民事法律行为由其法定代理人代理或者经其法定代理人同意、追认；但是，可以独立实施纯获利益的民事法律行为或者与其年龄、智力相适应的民事法律行为。

⭐ 第二十条　不满八周岁的未成年人为无民事行为能力人，由其法定代理人代理实施民事法律行为。

⭐ 第一百四十五条　限制民事行为能力人实施的纯获利益的民事法律行为或者与其年龄、智力、精神健康状况相适应的民事法律行为有效；实施的其他民事法律行为经法定代理人同意或者追认后有效。

相对人可以催告法定代理人自收到通知之日起三十日内予以追认。法定代理人未作表示的，视为拒绝追认。民事法律行为被追认前，善意相对人有撤销的权利。撤销应当以通知的方式作出。

《中华人民共和国未成年人保护法》

⭐ 第七十四条　网络产品和服务提供者不得向未成年人

提供诱导其沉迷的产品和服务。

网络游戏、网络直播、网络音视频、网络社交等网络服务提供者应当针对未成年人使用其服务设置相应的时间管理、权限管理、消费管理等功能。

以未成年人为服务对象的在线教育网络产品和服务，不得插入网络游戏链接，不得推送广告等与教学无关的信息。

案例解读

未成年人给游戏大额充值的行为，跟其年龄、智力不相符的，不受法律保护。父母等法定代理人对其行为不同意、不追认，则未成年人给游戏充值的行为属于无效行为，依法有权要求游戏公司退款，游戏公司也应当返还其充值金额。另外，观看直播时打赏给主播的行为，没有得到父母认可，与其年龄、智力不相符的，也属于无效行为。

"贪吃崽崽"

最近网络上爆火的盲盒，其中有一款叫"贪吃崽崽"。贪吃崽崽以它个头小，长相可爱，赢得了很多年轻人的喜爱。贪吃崽崽盲盒中一共有 32 款普通崽崽，16 款透明异色崽崽，16 款电镀异色崽崽，还有 2 个大 boss 隐藏款的冻梨崽崽。所谓"冻梨"，就是经过低温可以变成真正冻梨的颜色。

小洪家里本来就有很多盲盒，都是爸爸妈妈作为奖励送给他的。家里面有一个架子，专门用来摆放盲盒。最近，小洪的生活几乎围绕着"贪吃崽崽"转。他迷上了买这些小巧可爱的盲盒玩偶，尤其是通过直播平台购买，每次支付 59.9 元购买 5 个限量版盲盒，看着主播一一拆开，内心充满了期待和兴奋。按照规则，如果拆出重复的"贪吃崽崽"，就会停止拆盒；如果没有重复的，主播就会继续拆开新的盲盒，直到出现重复为止。这种方式让小洪觉得自己总能获得更多、更稀有的"贪吃崽崽"。

小洪每天盯着直播开"贪吃崽崽"的盲盒，想集齐全部的崽崽。每当直播开始，他就控制不住自己，想要拥有更多不同的"贪吃崽崽"。家里那个专门摆放盲盒的架子上，已经堆满了各式各样的"贪吃崽崽"，但他的渴望并没有因此减少。相反，每当新的直播通知弹出来，他的心跳就会加速，急切地想要再次体验开盲盒的快感。

小洪的爸爸妈妈注意到了这个情况。最初，他们认为购买盲盒是一种无害的娱乐，甚至将其作为奖励小洪的方式。但当他们发现小洪花了大量的零花钱购买"贪吃崽崽"盲盒时，他们意识到事情已经失控了。

他们与小洪坐下来进行了一次深入的谈话。小洪的妈妈温柔但坚定地解释了过度消费对个人和家庭的负面影响，特别是在这种看似无害的娱乐背后隐藏着的商业陷阱——利用顾客的购买冲动和收集欲，诱导他

们不断消费。"贪吃崽崽"盲盒的设计巧妙地"贪吃"了顾客的钱，而顾客往往在满足短暂的快乐后，留下的是长期的遗憾和经济压力。

爸爸妈妈和小洪一起制订了一个计划，以限制未来对盲盒的购买，并将关注点转移到更有意义的活动上，如阅读、户外运动和家庭游戏等。

法条连接

《中华人民共和国民法典》

⭐ 第十九条　八周岁以上的未成年人为限制民事行为能力人，实施民事法律行为由其法定代理人代理或者经其法定代理人同意、追认；但是，可以独立实施纯获利益的民事法律行为或者与其年龄、智力相适应的民事法律行为。

⭐ 第二十条　不满八周岁的未成年人为无民事行为能力人，由其法定代理人代理实施民事法律行为。

《中华人民共和国未成年人保护法》

⭐ 第五十八条　学校、幼儿园周边不得设置营业性娱乐场所、酒吧、互联网上网服务营业场所等不适宜未成年人活动的场所。营业性歌舞娱乐场所、酒吧、互联网上网服务营业场所等不适宜未成年人活动场所的经营者，不得允许未成年人进入；游艺娱乐场所设置的电子游戏设备，除国家法定节假日外，不得向未成年人提供。经营者应当在显著位置设置未成年人禁入、限入标志；对难以判明是否是未成年人的，应当要求其出示身份证件。

⭐ 第五十九条　学校、幼儿园周边不得设置烟、酒、彩票销售网点。禁止向未成年人销售烟、酒、彩票或者兑付彩票奖金。烟、酒和彩票经营者应当在显著位置设置不向未成年人销售烟、酒或者彩票的标志；对难以判明是否是未成年人的，应当要求其出示身份证件。

任何人不得在学校、幼儿园和其他未成年人集中活动的公共场所吸烟、饮酒。

8周岁到18周岁的未成年人为限制民事行为能力人。这意味着他们做一些民事行为，如买卖东西，需要法定监护人的同意、追认。

盲盒是一种购买之前不知道里面是什么的商品，能够带给人一种既刺激又惊喜的体验，就像彩票一样。因此，许多人觉得盲盒的销售模式和彩票有点儿像。如果只是偶尔买一两个作为玩具没问题，但如果频繁大量购买，就超出了未成年人的判断能力和他们能够承担的经济能力。

从保护未成年人的角度出发，对盲盒这种有一定"彩票性质"的商品，商家需要承担更大的责任，不应该把目标对准判断能力和自制能力都还没完全发展好的未成年人。这样能保护未成年人不会因为盲目追求盲盒而花掉大量的钱，从而帮助他们养成更理智的消费习惯。

不想成为"宣传大使"

小美今年 4 岁了，长得很漂亮，也很爱拍照片。

前几天，幼儿园办活动，校园里面摆放了很多花，小美让妈妈帮她拍了很多漂亮的照片。可是过了两天，妈妈突然在幼儿园的招生网页上，发现如下字眼：宣传大使小美。妈妈很奇怪，学校没有跟她说过，要让小美当学校的宣传大使，于是问了小美，小美也不知道怎么回事。学校官网主页上大部分是小美在学校的照片，而这些照片是在小美并不知情的情况下拍摄的。

妈妈问学校，学校的回复是："小美是我们幼儿园的宣传大使，可以提高小美的知名度，何乐而不为呢？"

妈妈说："小美是个小孩儿，她并不需要知名度，她现在的任务就是在幼儿园开开心心地玩，你们这样做侵犯了小美的肖像权。"

妈妈问小美："你想成为学校的宣传大使、每天拍漂亮的照片吗？"

小美说："不想，我应该好好学习。"

妈妈听了小美的回答，心里更加坚定了自己的想法，对小美说："宝贝说得对，妈妈会尊重你的意见，支持你的选择。"

于是，妈妈找到学校的负责人，说："未经家长同意，使用孩子照片作为公共宣传材料，侵犯了孩子的肖像权。请立即停止使用小美的照片，并从所有宣传材料中删除她的照片。"

最终，妈妈用法律知识，说服了学校，学校停止使用小美的照片从事宣传活动。

法条连接

《中华人民共和国民法典》

⭐ 第三条 民事主体的人身权利、财产权利以及其他合法权益受法律保护，任何组织或者个人不得侵犯。

⭐ 第一千零一十八条 自然人享有肖像权，有权依法制作、使用、公开或者许可他人使用自己的肖像。

肖像是通过影像、雕塑、绘画等方式在一定载体上所反映的特定自然人可以被识别的外部形象。

⭐ 第一千零一十九条 任何组织或者个人不得以丑化、污损，或者利用信息技术手段伪造等方式侵害他人的肖像权。未经肖像权人同意，不得制作、使用、公开肖像权人的肖像，但是法律另有规定的除外。

未经肖像权人同意，肖像作品权利人不得以发表、复制、发行、出租、展览等方式使用或者公开肖像权人的肖像。

《中华人民共和国未成年人保护法》

⭐ 第一条 为了保护未成年人身心健康，保障未成年人合法权益，促进未成年人德智体美劳全面发展，培养有理想、有道德、有文化、有纪律的社会主义建设者和接班人，培养担当民族复兴大任的时代新人，根据宪法，制定本法。

案例解读

　　学校未经家长同意便使用小美的照片作为公共宣传材料，违反了《民法典》中关于肖像权的规定。肖像权是自然人的一项重要人身权利，涉及个人形象的制作、使用、公开或许可他人使用的权利。

　　案例中小美的妈妈依据《民法典》的相关条款要求学校停止使用小美的照片，并删除所有宣传材料中小美的照片，是基于对个人权利的保护和法律规定的合理要求。

　　保护肖像权尤其是未成年人的肖像权，需要公众、法律专业人士及相关机构的共同努力，特别是在新媒体快速发展的当下，对个人信息的保护尤为重要。

对"网络欺凌"说不！

13 岁的林悦和她的朋友们一样，每天开开心心地享受着自己的校园生活。她爱笑，很勇敢，也很大方，在学校喜欢帮助同学，是老师和同学们口中的"雷锋"。然而，一件小事情将她推入了网络暴力的漩涡。

　　一天放学后，林悦无意踩到了同学小明的书包，虽然她立即道歉了，但小明因此怀恨在心。

　　回家后，小明开始在微信群里散播关于林悦的谣言，说林悦交往过多名男友，这个完全捏造的信息很快在同学间传开，并被一些爱搬弄是非的微信公众号捕风捉影发布，迅速扩散。林悦看到这些内容时，完全不敢相信自己的眼睛。

　　她惊恐地说："这……这全都是假的，我怎么会……"她试图解释，但谣言无法控制。随之而来的是同学们异样的眼光和日益恶化的网络评论，林悦感到深深的无助和恐惧。她向爸爸妈妈求助，爸爸急忙联系公众号的管理者，让他们删除文章，却被索要 2000 元删帖费。家长无奈之下支付了费用，但对林悦的伤害，已经形成了。

　　林悦的妈妈注意到女儿变得越来越沉默，她轻声问道："悦悦，你在学校还好吗？"

　　林悦低着头，泪水悄悄滑过脸颊："妈妈，我不想去学校了，我好累。"妈妈心如刀绞，紧紧地抱住林悦。曾经的开心果，如今被折磨成这样。

　　随后的日子里，林悦变得越来越内向，甚至不愿意离开房间。一次家庭聚会上，林悦的表姐注意到了她的不寻常，私下里问她："悦悦，发生什么事了？你知道我是愿意听你说话的。"林悦终于忍不住向表姐倾诉了一切。

林悦的表姐是一名律师，她认真听完后，坚定地说："悦悦，这是网络欺凌，我们不能让它继续发生下去。我会帮你找专业人士处理这个问题，同时，我会寻求心理咨询师的帮助，帮你走出心理阴影。"

在表姐的帮助下，林悦逐渐恢复了自信，也学会了如何面对和处理网络欺凌。那些散布谣言的公众号也进行了公开道歉。

在一次校园活动中，林悦站在全校师生面前，勇敢地分享了自己的经历。"网络是一个工具，它既可以传递爱和正能量，也可以成为伤害他人的武器。我们每个人都有责任，让它成为一个温暖的地方。"林悦的经历激励着师生们共同努力，建立一个更加健康、积极的网络环境。

林悦接着微笑地说："经历网络欺凌的那段日子，是我人生中最黑暗的时刻。但是，它教会了我勇敢和坚持。我希望我的故事能够帮助那些正在遭受网络欺凌的人，让他们知道，他们并不孤单。"

林悦的妈妈看到女儿的变化，感到无比骄傲和感动。她对林悦说："悦悦，你很勇敢。你不仅战胜了自己的困难，还帮助了那么多人。"林悦微笑着回答："妈妈，我只是做了我认为正确的事情。我们每个人都做出改变，这个世界会变得更美好。"

法条连接

《中华人民共和国刑法》

⭐ 第二百四十六条 以暴力或者其他方法公然侮辱他人或者捏造事实诽谤他人，情节严重的，处三年以下有期徒刑、拘役、管制或者剥夺政治权利。

《最高人民法院、最高人民检察院关于办理利用信息网络实施诽谤等刑事案件适用法律若干问题的解释》

⭐ 第二条 利用信息网络诽谤他人，具有下列情形之一的，应当认定为刑法第二百四十六条第一款规定的"情节严重"：

（一）同一诽谤信息实际被点击、浏览次数达到五千次以上，或者被转发次数达到五百次以上的；

（二）造成被害人或者其近亲属精神失常、自残、自杀等严重后果的；

（三）二年内曾因诽谤受过行政处罚，又诽谤他人的；

（四）其他情节严重的情形。

最高人民法院关于适用《中华人民共和国刑事诉讼法》的解释

⭐ 第一条 人民法院直接受理的自诉案件包括：

（一）告诉才处理的案件：

1. 侮辱、诽谤案（刑法第二百四十六条规定的，但严重危害社会秩序和国家利益的除外）；

2. 暴力干涉婚姻自由案（刑法第二百五十七条第一款规定的）；

3. 虐待案（刑法第二百六十条第一款规定的，但被害人没有能力告诉或者因受到强制、威吓无法告诉的除外）；

4. 侵占案（刑法第二百七十条规定的）。

《中华人民共和国未成年人保护法》

⭐ 第一百一十一条 公安机关、人民检察院、人民法院应当与其他有关政府部门、人民团体、社会组织互相配合，对遭受性侵害或者暴力伤害的未成年被害人及其家庭实施必要的心理干预、经济救助、法律援助、转学安置等保护措施。

案例解读

在林悦的案例中，微信公众号散播不实信息严重侵犯了林悦的名誉权，构成了诽谤行为。这些不实信息的广泛传播，严重影响了林悦的精神健康和日常生活，当这些不实信息的浏览量达到一定数量时，就构成了法律所认定的"情节严重"。

网络欺凌的典型表现包括制造并传播关于他人的负面新闻、形象丑化和人身攻击。检察机关在处理侵害未成年人案件时发现，除了言语侮辱和言语攻击，一些违法行为者还不适当地公开未成年人的个人信息或暴露他们的隐私，这进一步侵犯了未成年人的人格尊严。

　　网络欺凌不仅对未成年人造成严重的心理创伤，还可能对未成年人的身体健康造成伤害，更严重破坏了社会的线上和线下秩序。对此类犯罪行为，检察机关将根据法律严厉处理，坚决不容忍。

勇敢的你，美好的世界

　　亲爱的小小权利战士们，随着这段旅程接近尾声，你们是否感受到了内心深处那股澎湃的力量？这不仅是一次关于《民法典》《未成年人保护法》的知识探索，更是一次心灵的蜕变之旅。在这段旅程中，你们不仅学会了如何运用法律来保护自己，更将这份保护延伸到了身边的每一个人。现在，就让我们一同回望这段旅程，感受其中的勇敢与辉煌。

　　在这本指南的引领下，我们跨越了四个领域，从充满爱的家庭港湾到充斥着智慧的学校殿堂、从繁忙喧嚣的社会街道到辽阔无垠的网络世界。每一站的停留，都是一次全新的探险；每一次的探险，都令我们的内心更加强大。

　　你们已经知晓，法律犹如一盏永不熄灭的明灯，在我们迷茫时照亮前行的道路，在我们应对挑战时赋予我们力量。你们已经明白，无论在现实世界还是虚拟空间，每一颗年轻的心灵，都拥有着不容侵犯的权利。其中最为关键的是，你们学会了何为真正的勇敢——不仅是在逆境中的不屈不挠，更是在保护自己的同时，勇于伸出援手，温暖他人。这份勇敢，是让我们的世界变得更加光明和美好的力量。

　　亲爱的小小权利战士们，虽然这本书的篇章已经落幕，但你们的冒险才刚刚开始。在未来的日子里，愿你们继续手持法律的盾牌，无畏地去探索，勇往直前。请记住，你们每一次勇敢的探索，都在为这个世界编织更加绚烂的未来。

让我们共同期待，在未来的日子里，你们用所获得的知识和不屈的勇气，铸就一个更加公正、更加灿烂的世界。勇敢的你，正是这个世界美好的缔造者。